초등영어 통합교과 지도방법

초등영어 통합교과 지도방법

1판 1쇄 인쇄 ‖ 2009년 02월 20일
1판 1쇄 발행 ‖ 2009년 03월 10일

지은이 ‖ 김영철·김정훈

펴낸이 ‖ 홍 정 표
펴낸곳 ‖ 글로벌콘텐츠

등 록 ‖ 제25100-2008-24호
주 소 ‖ 서울특별시 강동구 길동 349-6 정일빌딩 401호
전 화 ‖ 02-488-3280
팩 스 ‖ 02-488-3281
이메일 ‖ tohong@paran.com

값 10,000원

ISBN 978-89-961466-3-6 93740

초등영어
통합교과 지도방법

김영철 · 김정훈 지음

글로벌콘텐츠

책머리에

이 책은 전국에서 현재 실시되고 있는 초등영어교육을 학습자들에게 초점을 맞추어 보다 다양하게 실시하기 위해서 마련한 책이다. 활동 중심의 게임, 놀이, 챈트, 노래, 역할극 등으로 이루어진 초등영어수업에 학생들의 흥미를 유발시키면서 다른 교과들의 내용을 다시 배워 보는 교과 교차적 통합수업은 우리나라 현실에 어울리는 수업방법이라고 볼 수 있다.

초등학생들은 단조로운 수업보다는 재미있으면서도 자기들에게 관심이 있는 다른 교과목들의 내용들이 수업에 도입되면 훨씬 수업에 집중을 할 수 있고, 아울러 영어와 이미 배운 다른 교과목들에 대해서도 더 흥미를 갖게 될 것이다.

이 책에서는 이러한 관점에서 초등학교 영어교과서 5학년 1학기에 해당하는 1과에서 8과까지를 학생들이 이미 배운 교과목들을 40분 수업에 통합하여 가르치려는 시도이다. 물론 시간 안배와 통합교과목들의 수에 대해서는 현장 상황을 감안하여 교사들이 신중을 기해서 접근해야 할 것으로 여겨진다.

현재 초등영어가 10년째 실시되고 있으며, 초등학생들의 특성을 감안하여 활동 중심으로 구성이 되어 있다. 이러한 활동 중심의 수업 전개는 학생들에게 흥미와 관심을 가져다 줄 수 있지만 자칫 계속되는 활동 중심의 수업은 학생들에게 수업이 '논다'는 인식을 심어 줄 수 있으며, 이를 통하여 학생들은 수업에 대하여 쉽게 지루함을 가질 수 있다. 무엇보다도 더욱 중요한 것은 학생들의 학업 성취도를 높이기가 쉽지 않다는 것이다. 따라서 이 책에서는 우리 초등학생들이 쉽게 영어에 접근하면서 다른 교과목들도 배울 수 있도록 하였다. 교사들도 다른 교과목들을 영어에 통합하려는 시도를 하면서 교재 연구를 할 수 있기 때문에 더욱 흥미를 가질 수 있을 것으로 본다. 초등학교의 특성상 여러 과목들을 가르치는 교사들이 이 책을 통하여 아이들의 일상생활에 관련된 영어 표현들을 가르치면서 다른 교과목들을 연관시키려고 하는 것은 초등학교에 영어교육을 더욱 활성화시킬 수 있을 것으로 본다. 아무쪼록 저자들은 이 책이 다양한 초등영어 교육방법에 일조를 했으면 하는 마음이 간절하다. 이 책을 통하여 현장에서 교사의 입장에서는 초등영어가 더욱 활성화하고, 학생들의 입장에서는 재미있게 영어에 접근하면서도 다른 교과목들뿐만 아니라 영어에 관한 실력도 향상되기를 기대해 본다.

2009년 2월
저자 씀

초등영어 통합교과 지도방법

차 례

책머리에 4

초등영어 통합교과 지도방법

제1장 교과 교차적 통합의 필요성과 목적 9

초등영어 통합교과 지도방법

제2장 다양한 통합교육 모델 15

1. 내용 중심 통합교육의 모델 ---------- 16
2. 주제 / 소재 중심 통합교육의 모델 ---------- 18
3. 경험 중심 통합교육의 모델 ---------- 20
4. 에피소드 가설 통합교육의 모델 ---------- 21
5. 과업 중심 통합교육의 모델 ---------- 21

초등영어 통합교과 지도방법

제3장 타 교과의 관련 내용을 이용한 초등영어 통합학습 지도방안 23

1. 영어 교과서와 교사용 지도서 분석 ---------- 24
   - 1.1 영어 교과서·교사용 지도서 분석의 가치 25
   - 1.2 영어 교과서·교사용 지도서 분석 방법 26

1.3 영어 교과서·교사용 지도서 분석의 실제 27

2. 타 교과 내용 분석 36

2.1 타 교과 내용 분석 방법 36

2.2 타 교과 내용 분석의 실제 37

3. 수업 계획, 실행 및 평가 42

3.1 수업 계획, 실행 및 평가의 방법 42

3.2 수업 계획, 실행 및 평가의 실제 43

초등영어 통합교과 지도방법

제4장 타 교과의 관련된 내용을 이용한 초등영어 통합학습의 예시 51

1. 통합학습 지도 사례 비교 52

1.1 바른 생활의 내용을 이용한 초등영어 통합학습지도 53

1.2 미술·도덕의 내용을 이용한 초등영어 통합학습지도 54

1.3 슬기로운 생활의 내용을 이용한 초등영어 통합학습지도 56

2. 통합학습 지도 사례 제시 58

2.1 즐거운 생활의 내용을 이용한 초등영어 통합학습지도 58

2.2 사회·미술의 내용을 이용한 초등영어 통합학습지도 60

2.3 체육·실과의 내용을 이용한 초등영어 통합학습지도 62

2.4 국어의 내용을 이용한 초등영어 통합학습지도 63

초등영어 통합교과 지도방법

제5장 구체적인 통합수업지도안 67

1. Lesson 1. How Are You?의 통합수업방법 68

2. Lesson 2. What Day Is It Today?의 통합수업방법 78

3. Lesson 3. It's Under the Table.의 통합수업방법 89

4. Lesson 4. What a Nice Day!의 통합수업방법 ---------- 102
5. Lesson 5. Where's Namdaemun?의 통합수업방법 ---------- 115
6. Lesson 6. I Get Up at Seven Every Day.의 통합수업방법 ---------- 124
7. Lesson 7. She is tall.의 통합수업방법 ---------- 132
8. Lesson 8. Let's go swimming.의 통합수업방법 ---------- 142

초등영어 통합교과 지도방법

제6장 결론 ---------- 153

참고문헌 ---------- 157

Chapter

1

교과 교차적 통합의 필요성과 목적

제 1 장 교과 교차적 통합의 필요성과 목적

지금까지 10년째 시행되고 있는 초등영어는 구체적 조작기에 해당하는 초등학생들에게 어울리는 활동 중심의 수업으로 이루어져 왔다. 따라서 학생들의 적극적인 수업 참여를 필요로 하며, 무엇보다도 학생들의 관심 및 흥미도가 있어야 한다.

하지만 우리나라와 같은 EFL 상황에서는 제한된 내용의 교재로 초등학생들의 관심 및 흥미도를 지속적으로 유지하기가 여간 힘든 것이 아니며, 다양한 내용의 학습 자료들을 이용하여 초등학생들의 관심을 지속적으로 유지시킬 필요가 있다. 특히 초등학생들은 흥미가 있더라도 쉽게 지루함을 느끼기 때문에 무엇보다도 다양한 내용들을 가지고 수업이 이루어져야 한다. 이러한 취지에서 이미 학습한 타 교과목들을 이용한 영어수업은 학생들의 수업 참여와 관심 및 흥미도를 지속적으로 높일 수 있는 좋은 방법이라고 할 수 있다. 그러나 우리 초등영어 교육현장은 아직 다른 교과목들의 내용을 가지고 영어로만 수업을 한다든지, 아니면 다른 교과목들의 주제를 통하여 학습 내용을 재구성하여 영어수업을 하기에는 어려움이 많다고 본다. 따라서 현행 교육과정의 차시 안에서 이전에 배운 다른 교과목들의 내용을 통합시키려는 노력이 필요하고, 이렇게 함으로써 현장 교사들도 적극적으로 통합영어수업에 참여할 수 있을 것이다.

초등학생들에게 적절하고, 모든 교과목들에 공통적으로 적용되는 정보의 도식화, 시각자료의 활용, 행동적 반응, 유형의 반복 등의 항목들(Halliwell, 1992)을 추출하여 현행 교육과정 안에서 실시할 수 있는 통합영어수업 지도안을 만드는 것은 학문적으로 우리나라 현장 실정에 맞는 통합영어교육의 새로운 장을 여는 것이며, 또한 사회적으로도 학교에서 초등영어 공교육을 활성화시키는 계기가 되어 우리나라 초등영어교육의 발전에 이바지할 것으로 보인다. 물론, 이를 위해서는 다른 교과목들에 대한 면밀한 검토와 이를 활용한 적절한 통합영어수업 지도안의 작성과 원어민의 검토가 선행되어야 함은 두말할 나위가 없을 것이다. 이 책은 이러한 사항들에 대한 지침서가 될 것이다.

현행 초등영어 교육과정 안에서 다른 교과목들의 분석을 통한 통합영어교육의 실시는 여러 과목들을 가르치는 현장의 초등교사들에게도 영어에 관심을 갖게 할 수 있을 뿐만 아니라 이미 배운 다른 과목들을 가지고 다시 한 번 수업을 하기 때문에 다른 과목들의 이해 정도를 다시 한 번 점검해 볼 수 있는 기회가 될 것으로 보인다.

이상을 토대로 볼 때, 이 책을 통하여 학문적으로 통합영어교육에 대한 현실성 있는 방법을 제시할 수 있을 것으로 여겨지며, 사회적으로는 10년째 접어들고 있는 초등영어에 새로운 현장 적용 방법을 제시함으로써 공교육을 더욱 활성화할 수 있을 것으로 보인다.

이 책의 교과 교차적 통합 초등영어 지도방법이 현장에 보급되면 10년째 시행되고 있는 초등영어교육에 보다 다양한 수업 방식이 제공되게 될 것이며, 그동안 영어에 자신이 없었던 교사들도 다른 과목들의 내용이 들어 있기 때문에 관심을 가지고 영어교육에 임할 수 있으며, 이전보다도 영어교육이 훨씬 활성화할 것으로 기대되어진다. 또한 이러한 방향으로 초등영어교육이 진행된다면 초등학교 교사들과 학생들의 영어도 신장되고, 더 나아가 통합영어교육을 통하여 다른 교과목들도 더 열심히 공부하게 되어 전반적인 초등교육 발전에 기여하게 될 것으로 여겨진다. 다만, 이렇게 되기 위해서 선행되어야 할 것은 초등 교사와 연구자들이 다른 교과목들을 이용한 통합 초등영어교육에 더욱 많은 관심을 가지고 다른 교과목들과 영어 교과서에 대한 끊임없는 분석과 노력을 통하여 다양한 통합영어 수업방법을 개발해야 할 것으로 보인다. 이런 조건들이 충족되고 연구자와 교사들이 끊임없이 노력을 할 때, 머지않아 우리 초등영어 교육현장에서도 ESL 상황에서의 immersion program과 같은 통합 교육이 자연스럽게 이루어질 것으로 기대되어진다.

10년이면 강산도 변한다는 말이 있듯이 10년째 실시되고 있는 초등영어교육에도 많은 변화가 있어 왔다. 이러한 변화 속에는 언어 기능을 통합한 영어교육 시도(김영철, 2003; 박약우, 2003)와 ICT를 활용한 영어교육 시도(김정렬, 2001) 및 타 교과목을 활용한 영어교육 시도(박약우, 박기화, 신연옥, 2003)가 있어 왔다. 언어 기능을 통합한 영어교육은 초등학교 현장에서 듣기, 말하기, 읽기, 쓰기를 통합하여 가르치려는 시도였다. ICT 활용 영어교육은 컴퓨터 인터넷의 다양한 정보 매체들을 사용하여 초등학생들에게 영어를 가르치려는 시도였다. 타 교과목을 활용한 영어교육은 영어수업에 다른 과목들을 통합하여 가르치려는 시도였다.

하지만 이러한 시도들 중에서 타 교과목을 활용한 영어교육의 시도는 초등 현장의 여건상 보편적으로 실행되기가 거의 불가능하였다. EFL 상황에서 완전한 몰입수업immersion program을 하기에는 현장 여건이 미비하였다. 따라서 우리나라 실정에 맞는 교과 교차적 통합수업의 필요성이 대두되게 되었다.

초등영어교육이 시작된 지 10년째 접어들면서 학습자들에게 보다 다양한 영어교육을 위해서도 초등학교에서 다른 교과목들을 활용하여 수업을 진행시키려는 노력은 교사와 학생들 모두에게 도움이 될 수 있다. 초등영어는 다음과 같은 여러 학자들의 견해로 볼 때도 통합교육이 꼭 필요하다. 먼저 Halliwell(1992)은 통합교육의 장점을 다음과 같이 말했다. 첫째, 학생들이 배우는 영어가 실제 사용되어지는 평범하고도 자연스러운 것임을 알게 하는 게 중요하므로 영어학습이 다른 학습과 동떨어져서는 안 되며, 다른 교과에서 학습한 지식이나 기술처럼 영어시간에 배운 내용도 쓸모 있음을 학생들이 스스로 인식하게 하기 위해서는 통합교육이 필요하다. 둘째, 학생들은 영어로 다른 교과 내용들을 배우는 과정에서 단지 단어나 구조보다는 참 의미를 다루게 되기 때문에 영어를 배우는 데 도움이 된다. 셋째, 교사와 학생 모두가 새롭고 생소한 영역인 영어학습에 기존의 친숙한 내용과 방식을 이용하게 되어 모두에게 이익이 되기 때문에 초등영어에서 통합교육은 필요하다.

Brewster와 Ellis와 Girard(1992)도 초등영어에서 통합교육의 필요성을 다음과 같이 주장하였다. 첫째, 아동의 개념발달을 강화시키는데 유용하다. 이는 학습 중 영어와 다른 교과와 연속성이 생겨 학생들의 자신감을 불러일으켜 동기유발시키기 때문이다. 둘째, 여러 교과목 간에 학습기술이 전이되고 개념이 서로 강화되기 때문에 학습방법의 학습learn how to learn에 도움을 준다. 셋째, 초등교육과정과 연결된 영어학습은 수학(예: 시간 말하기), 과학(예: 식물 성장 과정), 지리(예: 지도 사용하기), 음악과 미술(예 : 노래하기, 창작 활동) 등 다른 교과의 학습 발달에도 도움을 준다.

또한 Widdowson(1978)은 학생들이 학교에서 공부하는 모든 교과는 분리된 것이 아니라 서로 관련되어 있는 경우가 많을 뿐만 아니라, 학생들의 교과 학습은 그것이 곧 그들의 현실 세계이기 때문에 학생들에게 현실과 연결된 진정한 의사소통의 기회를 제공한다고 하며 초등영어에서 통합교육의 필요성을 말했다.

한편 박약우(1996)는 언어능력의 신장은 모든 교육활동을 생활과 연결 지어 언어활동이 이루어질 때 훨씬 효과적이라고 하였다. 특히 여러 면에서 발달 과정 중에 있는 초등학교 학생들의 영어교육에서는 영어만을 위한 학습보다는 성장발달 전반을 위한 영어교육이 전제되어야 하며, 학생들이 활동하고 경험하는 세계는 교과적으로 분리되어 있는 것이 아니라 하나로 통합되어 있기 때문에 초등학교 영어교육에서는 학습내용을 교과 교차적cross-curricular으로 구성하는 것이 바람직하다고 하였다.

그리고 송정미(1997)는 초등영어에서 통합교육은 피교육자인 학생들의 발달 측면에서도 그 필요성을 찾을 수 있다고 주장하였다. 즉, 피아제의 인지 발단 단계에 의하면 8~10세의 초등학교 어린이는 구체적 조작기로 구체적인 자료와 직접 체험활동에 의해 기본 개념을 형성한다. 이때 체험활동은 단순한 언어만의 교육이 아니므로 학생들의 수준에 맞는 활동과 구체적인 경험에 근거해야 한다. 이러한 경험은 타 교과를 학습하면서 사용되는 여러 가지 방법이 영어수업에 사용될 수 있는 근거가 된다는 것이다.

이러한 초등영어 통합교육의 필요성에 의하여 이 책의 목적은 현 교육과정을 토대로 초등학교 5학년 학생들이 이미 배운 다른 과목들을 이용하여 영어수업시간에 교육과정과 관련된 내용과 주제에 관해서 영어로 배움으로서 더 흥미롭게 영어에 접근할 수 있고 아울러 타 교과목에 대해서도 다시 한 번 복습해 보는 시간이 됨으로서 일석이조의 효과를 얻기 위함이다. 이를 위해서는 교사들이 타 교과 분석을 통해서 영어교육을 타 교과에 접목시키려는 많은 노력을 경주해야 한다. 하지만 완전한 타 교과 내용을 통한 수업이 아니라 현 교육과정 속에서 타 교과목을 분석하여 영어수업에 적용시키는 것이므로 교사 자신들도 흥미를 가지고 접근할 수 있을 것으로 본다.

Chapter 2

다양한 통합교육 모델

1. 내용 중심 통합교육의 모델
2. 주제 / 소재 중심 통합교육의 모델
3. 경험 중심 통합교육의 모델
4. 에피소드 가설 통합교육의 모델
5. 과업 중심 통합교육의 모델

제2장 다양한 통합교육 모델

통합교육의 모델은 다양하다. 그 중 Brown(1994)이 제시한 통합교육의 모델은 내용 중심의 교육content-based teaching, 주제/소재 중심의 교육theme-based/topic-based teaching, 경험 중심의 학습experiential learning, 에피소드 가설the episode hypothesis, 과업 중심의 학습task-based learning 등 다섯 가지인데 이중 이 책과 밀접한 관련이 있는 내용 중심의 교육, 주제/소재 중심의 교육 모델을 중심으로 살펴보고자 한다. 아울러 이를 초등영어와 관련시켜 고찰하기로 한다.

1. 내용 중심 통합교육의 모델

내용 중심의 교육content-based teaching 모델은 제2언어와 특정한 교과내용을 통합시켜 가르치는 방법이다. 따라서 교과교육 내용에 따라 언어교육의 내용이 결정되기 때문에 언어는 학생들에게 흥미롭고 적합한 정보내용을 전달하는 수단에 불과하다. 내용 중심의 교과과정에 따라 운영되는 프로그램들은 보통 제2언어를 지도하는데 많이 사용되고 있다(부경순, 1999).

세부적으로 보면, 초등학생을 위한 Immersion Program, 초중고 수준에서 사용되어질 수 있는 Sheltered English Program, 중·고등학교와 대학에서 역사, 생물 등과 같은 과목을 다루면서 작문을 지도하는 Writing Across the Curriculum과 공대, 의대, 경영대 학생들에게 전문용어와 개념을 가르치는 English for Specific Purpose(ESP) 등이 이 모델에 속하는 것으로 알려져 있다(부경순, 1999).

이렇게 특정한 교과내용과 영어를 통합시켜 수업을 하게 되면, 수업과정 중에 학생들은 언어형태가 아닌 내용의 이해에 집중하게 되고 따라서 실제적 의사소통의 목적을 가지고 언어를 사용하는 중에 언어를 습득하게 된다. 이러한 내용 중심의 교육 모델은 학교 밖에서 영어를 접할 기회가 많지 않은 EFL 상황에서 영어학습의 동기를 유지하기가 힘들 수밖에 없는 우리나라의 초등영어 학습자들에게 적합한 접근법일 수 있다(김현진, 1999).

그러나 현실적으로 타 교과를 영어로 가르친다는 것은 가르치는 교사와 배우는 학생들 모두에게 부담일 수 있다. 따라서 해당 교과의 내용에 대한 사전학습이 된 이후에 수업이 행해지거나, 내용 자체도 활동적인 것으로 선정되어 학생들이 스스로의 활동을 통해 영어로 이루어지는 수업의 내용을 이해할 수 있도록 해야 할 것이다. 내용 중심의 교육 모델은 이처럼 학생활동 중심 교육과도 연관성을 갖는다.

초등영어의 지도방법에서는 학생들의 특성을 고려하여 학생들의 직접적인 체험 활동을 권장하고 있다. 따라서 교과 내용에 근거한 영어교육은 선택된 소재와 내용에 따라 영어 교수법을 적용할 수 있고, 다른 교과 시간에 교사와 학생들이 친숙하게 하고 있는 교수·학습 활동을 이용할 수도 있어 학생들에게 다양한 활동을 제공해 줄 수 있다. 예를 들면 도표나 그래프를 이용한 활동, 자 등을 이용하여 물체의 길이를 재어 보는 활동, 저울로 무게를 달아보는 활동, 과학 실험 기구를 이용한 활동, 씨앗을 심어 식물을 키우고 관찰하는 활동, 악기를 다루고 그림을 그리거나 만들어 보는 활동, 공이나 운동 기구를 가지고 할 수 있는 활동, 비디오로 제작된 자료를 보거나 견학하는 활동 등 다른 교과에서 활용할 수 있는 활동은 다양하다(송정미, 1997).

아울러 Brewster 외 2인(1992)이 제시한 아래의 영어-교과 내용통합 및 활동중심 학습법의 언어내용은 내용 중심의 모델로 통합교육을 실시할 때에 다양하게 적용될 수 있다.

[표 1] 영어-교과 내용통합 및 활동중심 학습법의 언어내용

교과 영역	교 과 내 용
수 학	수, 수세기, 양, 측량, 시간
과 학	동물, 우주, 씨앗심기
역 사	연대순, 시간의 흐름이해, 선사시대 동물
지리 및 환경	가게 및 장보기, 공원, 스포츠와 게임, 지도 이용, 날씨와 기후
문 화	여러 나라의 위인, 여러 나라의 축제, 여러 나라의 음식 및 음악
미술 및 공예	그리기와 물감 칠하기, 가면, 손 인형, 시계 만들기, 콜라주와 포스터 만들기
음악 및 연극	노래, 역할극 및 연극 공연, 마임

(Brewster 외 2인, 1992)

2. 주제/소재 중심 통합교육의 모델

주제/소재 중심의 교육theme-based/topic-based teaching 모델은 위에서 고찰한 내용 중심 교육 모델의 한 형태로 이를 보다 약화시킨 것이다. 그래서 주제/소재 중심의 교육 모델에서는 교과 내용에 우선권을 두지 않고 교과 내용과 영어를 모두 동등하게 취급한다.

Brown(1994)은 전통적인 언어수업에 대한 대안으로 주제나 소재를 중심으로 수업을 계획하는 이 모델을 이용하면 언어규칙을 지나치게 분석하는데 치중하여 학생들로 하여금 흥미를 잃게 하는 전통적인 언어수업과는 달리 자동화, 유의미한 학습, 내부동기, 의사소통 능력과 관련된 원리들을 충실히 지키면서 수업을 할 수 있다고 한

다(부경순, 1999).

또한 신연옥(2000)은 주제 중심의 언어 학습의 효과에 대해서 다음과 같이 말하고 있다. 언어와 타 교과의 내용을 통합하여 학습이 이루어지기 때문에 교과나 주제와 관련해 다양한 분야의 어휘에 접하게 된다. 따라서 교과 내용을 학습하는 동안 상당량의 언어에 노출될 수 있으며, 주제와 관련된 자연스런 담화 상황에서 상황과 연계된 학습이 이루어질 수도 있어 언어가 실제 의사소통 수단으로 사용될 수 있는 상황을 제공해 준다.

한편, 김현진(1999)은 다음과 같은 이유로 주제 중심의 학습이 초등영어교육에서 바람직하다고 주장하고 있다. 첫째, 언어학습에 중요한 요인인 '상황맥락', '의미', '목적'의 세 가지 측면에서 볼 때 학습을 보다 의미 있게 만드는 분명한 상황맥락을 제공하며 언어 학습과 언어사용에 진정한 목적을 창조해내기 때문이다(Holderness, 1994). 둘째, 주제는 언어 학습 및 사용의 근거로서 의미 있고 재미있는 정보 및 경험을 강조하여 생각과 정보가 더 이해되고 기억되기 쉽도록 서로 결합시켜 준다.

Brewster 외 2인(1992)과 Halliwell(1992)도 다른 교과에서 다루는 소재를 영어수업에 도입하기를 제안한다. 다른 교과의 소재를 가지고 영어수업을 하기 때문에, 그 교과의 예습이 될 수 있을 뿐만 아니라 다양한 분야의 내용을 영어로 배울 수 있으므로 효과적이다. 주제/소재 중심으로 수업을 하면 좀 더 실제적이고 경험적인 수업이 진행되므로 학생들이 영어를 쉽게 흥미를 가지고 배울 수 있다(김현진, 1999).

위에서 살펴본 것처럼 다양한 장점이 있기 때문에 주제/소재 중심의 교육은 초등학교에서의 통합교육방법으로도 많이 사용되고 있는 모델이다. 주제/소재 중심의 교육을 통해 학생들이 영어를 쉽고 흥미 있게 배우게 하기 위해서는 주제나 소재의 선택이 중요하다. 부경순(1999)은 Brewster 외 2인(1992)이 제시한 내용을 중심으로 한 모델을 토대로 영어를 가르치기 위해 다른 과목에서 끌어올 수 있는 소재와 주제의 다양한 출처를 다음의 표와 같이 제시하고 있다.

[표 2] 영어수업에 적용할 수 있는 소재

교 과	소 재
수 학	숫자, 도형, 수세기와 양, 계측, 시간 말하기
자 연	동물, 우주, 식물재배, 날씨와 기후
사 회	과거 시간 이해하기, 선사시대 동물, 가게 및 장보기, 지역의 시설, 지도보기, 길 안내, 교통수단
미 술	색깔, 그리고 찍기, 마스크, 손 인형, 시계 만들기, 콜라쥬와 포스터 만들기
음 악	노래와 전래 동요, 챈트
실 과	음식, 과일, 야채, 의복, 집안 구조, 건강
체 육	다양한 신체 동작, 운동종류
특 활	역할극과 연극, 마임

(부경순, 1999)

[표 3] 영어수업에 적용할 수 있는 주제 및 출처

1. 타 교과와 공통적인 주제 : 휴가
2. 이미 학생들이 알고 있는 주제 : 동물, 색깔
3. 활동 중심적인 주제 : 애완동물 돌보기, 식물 기르기, 음식 만들기
4. 문화적인 주제 : 명절, 휴일, 축제
5. 이야기, 동요 또는 노래에 바탕을 둔 주제
6. 아이들이 특별히 관심을 보이는 주제 : 연예인, 운동선수
7. 특정교과에서 뽑히긴 했지만 다른 교과에서도 이용 가능한 주제

(부경순, 1999)

3. 경험 중심 통합교육의 모델

경험 중심의 학습experiential learning 모델은 영어학습에 있어서의 학습자들의 구체적인 경험과 심동적인 양상을 강조한다. 학생들은 구체적인 경험을 통해 시행착오를 겪고, 피드백을 처리하고, 언어에 대한 가설을 설정하고 수정하는 과정을 거치면서 언어원리를 발견할 수 있게 된다고 본다. 교사가 설명하거나 말하는 대신 학생들로 하

여금 다양한 구체적인 경험을 통해 복잡한 문제를 해결하려고 노력하면서 언어를 사용할 수 있는 기회를 제공하고, 언어가 포함되어 있고 강화되어 있는 신체적인 활동을 하게 된다(부경순, 1999).

4. 에피소드 가설 통합교육의 모델

에피소드 가설the episode hypothesis 모델은 Oller(1983)에 의해 소개되었다. 그는 학생들이 언어를 접할 때 서로 연결이 되지 않는 문장들을 연속적으로 접하는 것보다 흥미를 유발시키는 한 에피소드 속에 서로 연결돼 있는 문장들을 접하는 것이 효과적이며, 학생들이 논리적으로나 삽화적으로 연결된 문장들을 접할 때는 인지와 언어의 상호작용으로 말미암아 예측이 가능해진다고 주장하였다(부경순, 1999).

5. 과업 중심 통합교육의 모델

과업 중심의 학습task-based learning 모델은 학생들의 교실 밖에서 이루어지는 의사소통 과제 그 자체에 중점을 두고 교육목표를 설정하면서 영어에 초점을 맞춘다. Nunan(1991)은 이 모델의 특징을 아래와 같이 제시하였다.

첫째, 목표언어로 상호작용을 하면서 의사소통하는 법을 배우기를 강조한다. 둘째, 실제적인 교재authentic text를 학습 환경에 도입한다. 셋째, 학습자들이 언어뿐만 아니라 학습과정 그 자체에 초점을 둘 수 있는 기회를 제공한다. 넷째, 학습자 자신의 개인 경험을 교실에서의 학습에 중요하게 기여하는 요소로 고양시킨다. 다섯째, 교실 안에서의 언어학습과 교실 밖에서의 언어 활성화를 연결시키려고 시도한다.

Chapter

3

타 교과의 관련 내용을 이용한 초등영어 통합학습 지도방안

1. 영어 교과서와 교사용 지도서 분석

2. 타 교과 내용 분석

3. 수업 계획, 실행 및 평가

제3장 타 교과의 관련 내용을 이용한 초등영어 통합학습 지도방안

본 장에서는 지금까지의 이론적 배경을 바탕으로 타 교과의 관련된 내용을 이용한 초등영어 통합학습 지도방안을 제시하고자 한다. 타 교과의 내용이 초등영어학습에 관련이 있다면 특정 교과가 아닌 어떠한 교과의 내용이라도 초등영어 통합학습으로 지도할 수 있다. 그에 따른 지도방안을 영어 교과서와 교사용 지도서 분석 및 타 교과 내용 분석, 그리고 수업 계획, 실행 및 평가의 순서로 제시하고자 한다.

1. 영어 교과서와 교사용 지도서 분석

본 절에서는 타 교과의 관련된 내용을 이용한 초등영어 통합 학습 지도방안의 출발점이라고 할 수 있는 영어 교과서·교사용 지도서 분석의 가치를 살펴본 후, 구체적인 분석 방법과 분석의 실제를 제시하고자 한다.

1.1 영어 교과서·교사용 지도서 분석의 가치

초등영어에서 통합교육은 앞에서 살펴보았듯이 아주 다양한 형태가 있다. 본 연구는 그러한 다양한 형태의 통합교육 중 교과가 묶여지는 형태에 의한 분류 중 독립된 교과목들 사이에서 한 교과목이 다른 교과목에 대해 또는 서로 간에 내용상 혹은 방법상 도움을 주는 방법인 기여적 통합을 대상으로 한다. 즉, 영어 과목을 학습하기 위해 타 교과목에서 배운 내용, 개념, 원리와 학습방법 등을 적용하고자 한다. 물론 이는 결과적으로는 적용되는 타 교과목의 학습에도 긍정적으로 작용한다.

우리나라에는 국가 수준의 교육과정 아래서 개발된 국정 교과서와 교사용 지도서가 있다. 초등영어에서 타 교과의 내용을 이용한 통합교육은 현실적으로 이를 출발점으로 해야 한다. 물론 주제중심 통합학습에서는 교사와 학생들이 주체가 되어 주제를 결정한 후 주제와 관련된 것들을 찾기 위해 자유연상brainstorming의 과정을 통해 주제망을 펼쳐 교사와 학생이 토론 속에서 어떤 언어를 어떠한 활동을 통해 학습할 것인지 결정한다. 그 후 다양한 활동이 나오면 그 중 어떤 활동들을 먼저 해나가야 효과적인가를 생각하면서 활동순서를 정하고 학습에 필요한 학습 자료와 공간을 확보한 후 학습에 들어간다(김현진, 1999).

그러나 이러한 주제 중심 통합학습은 통합학습에 익숙한 교사와 학생들의 활발한 상호작용이 없다면 우리나라와 같은 EFL환경에서는 실행하기에 상당한 어려움이 있다. 왜냐하면 우리나라와 같이 국가 수준의 교육과정 아래에서 개발된 국정교과서와 교사용 지도서를 주제중심 통합학습을 위한 하나의 자료로만 사용하는 것은 교사들에게 상당한 부담이 되기 때문이다. 학급 담임 교사가 영어를 가르칠 경우 10개 교과의 대부분과 특별활동, 재량활동 등을 모두 가르치기 위해 교재연구를 해야 하고, 다양한 학교 사무분장을 떠맡은 초등교사에게 주제중심 통합학습은 너무 벅찬 일이다.

학급 담임이 아닌 교과전담 교사가 영어를 가르치는 경우에는 교재 연구의 수월성은 확보되나 학습자의 요구와 관심 파악, 일반교과의 개념 이해, 시간 운영의 탄력성 등의 측면에서 역시 어려움이 많다. 그래서 국가 수준의 교육과정 아래에서 개발된 국정 교과서와 교사용 지도서를 중심으로 이미 학습한 타 교과의 내용을 영어학습에 다시 적용해보는 통합학습은 우리나라의 현실에서 현실성 있는 대안이 될 수 있다.

1.2 영어 교과서·교사용 지도서 분석 방법

그럼 실제 적용 가능한 타 교과의 관련된 내용을 이용한 초등영어 통합학습의 출발점인 영어 교과서, 교사용 지도서(교육인적자원부, 2002)의 분석에 대해서 살펴본다. 영어 교과서의 내용은 교사용 지도서에 있다. 그래서 교사들이 통합학습을 위해 처음으로 해야 할 일은 영어 교과서를 참고로 하여 영어 교사용 지도서를 분석하는 일이다. 그 분석하는 방법은 다음과 같다.

① 연간 수업지도 계획을 참고로 하여 1년 동안 가르칠 내용을 살펴본다. 이는 1년 동안의 영어수업의 대략적인 내용을 살펴보기 위해 필요하다.

② 각 단원명과 단원 목표를 확인한다. 이는 구체적으로 단원명과 단원의 수업목표를 언어 영역별로 파악해 앞으로 타 교과의 관련되는 내용을 파악할 때 도움을 준다. 영역별로 제시된 단원 목표를 바탕으로 그 단원에서 습득하고자 하는 언어 내용을 파악해 타 교과의 관련된 내용을 영어수업에 이용할 때 단원 목표와 관련되는 내용을 선정하게 되는 것이다.

③ 각 단원에서 습득해야 할 의사소통기능과 표현을 확인한다. 이는 타 교과의 관련된 내용을 영어수업에 적용하기 위해 단원 목표를 바탕으로 영어 교과에서 습득해야 할 의사소통기능과 표현을 명확히 파악해야 함을 말한다.

④ 차시별 주요 학습 내용을 파악한다. 차시별 주요 학습 내용은 단원 목표를 바탕으로 영어수업의 단계에 따라 구성된 실제적인 수업의 내용이므로 이에 대한 분석이 이루어져야 단원목표를 바탕으로 관련지은 타 교과의 내용을 구체적으로 차시별 통합수업에 적용할 수 있다.

⑤ 각 단원에 제시된 습득해야 할 어휘를 확인한다. 이는 부가적으로 각 단원별로 습득해야 할 어휘를 파악해 이를 타 교과의 내용 중 연관시킬 수 있나 알아보기 위해 필요하다.

⑥ 각 단원의 학습시기를 파악한다. 이는 영어 교과의 각 단원별 학습시기를 파악해 관련 있는 타 교과의 내용이 학습된 후에 통합영어수업이 이루어질 수 있도록 하기 위해 필요하다. 즉, 관련이 있다고 하더라도 타 교과의 수업이 행해지지 않은 상태에서는 영어학습에 통합 적용할 수 없다.

1.3 영어 교과서·교사용 지도서 분석의 실제

위의 분석 방법으로 영어 교과서와 교사용 지도서를 분석하는데 본 연구에서는 제7차 교육과정 아래에서 2002년 새로 바뀐 5학년의 내용 중 Lesson 1에서 Lesson 8까지를 예시로 분석하여 제시하고자 한다. 구체적인 분석내용은 다음과 같다.

[표 4] 5학년 영어교과서·교사용 지도서 분석내용 (Lesson 1)

단 원 명		Lesson 1. How Are You?
단원 목표	듣기	상대방의 이름과 안부를 묻고 대답하는 말을 듣고 이해한다.
	말하기	상대방의 이름과 안부를 묻고 대답하는 말을 한다.
	읽기	간단한 낱말의 의미를 이해하며 읽는다. (chair, classroom, desk, door, name, window)
	쓰기	알파벳 대·소문자를 구별하여 쓴다. (Aa, Bb, Cc, Dd, Ee)
의사소통기능 및 표현		1. 안부 묻고 대답하기 －How are you? I'm fine, thank you. 2. 자기 소개하기 －What's your name? My name's Joon.
차시별 내 용	1차시	• 안부와 이름 묻고 대답하기 • 이름 소개하기 놀이하기
	2차시	• 안부 묻고 대답하기 • 노래하기 • 주사위놀이 하기
	3차시	• 의미를 이해하며 낱말 읽기 • 알파벳 대·소문자 구별하여 쓰기 • 안부 묻기 놀이하기
	4차시	• 인어 공주 역할놀이 하기 • 학습 내용 정리하기
어 휘		about, angry, egg, fine, from, headache, home, love, prince, really, song, well
학습 시기		3월 1주 ~ 3월 2주

[표 5] 5학년 영어교과서·교사용 지도서 분석내용 (Lesson 2)

단 원 명		Lesson 2. What Day Is It Today?
단원 목표	듣 기	요일과 과목에 대한 표현을 듣고 이해한다.
	말하기	요일에 대해 묻고 대답하고, 시간표와 교과목에 대해 말한다.
	읽 기	의미를 이해하며 요일에 관한 낱말을 읽는다. (Sunday, Monday, Tuesday, Wednesday, Thursday, Friday, Saturday)
	쓰 기	알파벳 대·소문자를 구별하여 쓴다. (Ff, Gg, Hh, Ii, Jj)
의사소통기능 및 표현		1. 사실적 정보 −What day is it today? It's Monday. −We have / don't have English today.
차시별 내 용	1차시	• 요일 묻고 대답하기 • 카드 추측하기 놀이하기
	2차시	• 교과목에 대해 묻고 말하기 • 노래하기 • 말 전하기 놀이하기
	3차시	• 의미를 이해하며 낱말 읽기 • 알파벳 대·소문자 구별하여 쓰기 • 기억하기 놀이하기
	4차시	• 요일 추측하기 활동하기 • 학습내용 정리하기
어 휘		art, goat, math, music, science, today, we
학습 시기		3월 3주 ~ 3월 4주

[표 6] 5학년 영어교과서·교사용 지도서 분석내용 (Lesson 3)

단 원 명		Lesson 3. It's Under the Table.
단원 목표	듣 기	사물의 위치를 묻고 대답하는 말을 듣고 이해한다.
	말하기	사물의 위치를 묻고 대답하는 말을 한다.
	읽 기	간단한 낱말의 의미를 이해하며 읽는다. (box, in, on, pencil, case, table, under)
	쓰 기	알파벳 대·소문자를 구별하여 쓴다. (Kk, Ll, Mm, Nn, Oo)
의사소통기능 및 표현		1. 사실적 정보 －Where's my pencil case? 2. 사실 확인 －It's under the table.
차시별 내 용	1차시	• 사물의 위치를 묻고 답하는 말하기 • 추측하기 놀이하기
	2차시	• 사물의 위치를 묻고 답하는 말하기 • 챈트하기 • 숨은 물건 찾기 놀이하기
	3차시	• 의미를 이해하며 낱말 읽기 • 알파벳 대·소문자 구별하여 쓰기 • 원판놀이하기
	4차시	• 서로 다른 점 찾기 활동하기 • 학습내용 정리하기
어 휘		ball, bookcase, box, hurry, TV, under, where
학습 시기		4월 1주 ~ 4월 2주

[표 7] 5학년 영어교과서·교사용 지도서 분석내용 (Lesson 4)

<table>
<tr><th colspan="2">단 원 명</th><th>Lesson 4. What a Nice Day!</th></tr>
<tr><td rowspan="4">단원 목표</td><td>듣 기</td><td>사물을 묘사하고 감탄하는 말을 듣고 이해한다.</td></tr>
<tr><td>말하기</td><td>사물을 묘사하고 감탄하는 말을 한다.</td></tr>
<tr><td>읽 기</td><td>간단한 낱말의 의미를 이해하며 읽는다.
(sky, tall, tower, big, city, bird)</td></tr>
<tr><td>쓰 기</td><td>알파벳 대·소문자를 구별하여 쓴다.
(Pp, Qq, Rr, Ss, Tt)</td></tr>
<tr><td colspan="2">의사소통기능 및 표현</td><td>1. 감탄하기
－What a nice day!
2. 사실 묘사
－It's very tall.</td></tr>
<tr><td rowspan="4">차시별 내 용</td><td>1차시</td><td>• 감탄하는 말 듣고 말하기
• 사물 묘사하는 말 듣고 말하기
• 카드 빨리 짚으며 말하기 놀이하기</td></tr>
<tr><td>2차시</td><td>• 감탄하는 말과 응답하는 말하기
• 챈트하기
• 주사위 놀이하기</td></tr>
<tr><td>3차시</td><td>• 의미를 이해하며 낱말 읽기
• 알파벳 대·소문자 구별하여 쓰기
• 크게 또는 작게 쓰기 놀이하기</td></tr>
<tr><td>4차시</td><td>• 역할놀이 하기
• 학습내용 정리하기</td></tr>
<tr><td colspan="2">어 휘</td><td>city, elephant, elevator, excuse, idea, over, picnic, rock, sky, tall, tower, wonderful</td></tr>
<tr><td colspan="2">학습 시기</td><td>4월 3주 ~ 4월 4주</td></tr>
</table>

▌[표 8] 5학년 영어교과서·교사용 지도서 분석내용 (Lesson 5) ▌

단 원 명		Lesson 5. Where Is Namdaemun(Sungnyemun)?
단원 목표	듣 기	길 안내하는 표현과 되묻는 말을 듣고 이해한다.
	말하기	길을 묻고 안내하는 말과 알아듣지 못할 때 되묻는 말을 한다.
	읽 기	낱말의 의미를 이해하며 읽는다. (bank, school, church, right, left, straight)
	쓰 기	알파벳 대·소문자를 구별하여 쓴다. (Uu, Vv, Ww, Xx, Yy, Zz)
의사소통기능 및 표현		1. 길 안내 −Where is Namdaemun? Go straight and turn right. 2. 되묻기 −I'm sorry?
차시별 내 용	1차시	• 길 안내와 되묻는 표현 듣고 말하기 • 신데렐라 찾기 놀이하기
	2차시	• 길 안내하는 표현 듣고 말하기 • 노래하기 • 주사위놀이 하기
	3차시	• 의미를 이해하며 낱말 읽기 • 알파벳 대·소문자 구별하여 쓰기 • 길 안내하기 놀이하기
	4차시	• 정보 차이 활동하기 • 학습내용 정리하기
어 휘		bank, church, hospital, just, left, middle, miss, pardon, problem, straight, turn, way
학습 시기		5월 1주 ~ 5월 3주

▌[표 9] 5학년 영어교과서·교사용 지도서 분석내용 (Lesson 6)

단 원 명		Lesson 6. I Get Up at Seven Every Day.
단원 목표	듣 기	습관에 관한 말을 듣고 이해한다.
	말하기	습관에 관한 표현을 묻고 말한다.
	읽 기	간단한 낱말의 의미를 이해하며 읽는다. (bed, breakfast, dinner, study, homework, lunch)
	쓰 기	구두로 익힌 낱말을 쓴다. (candy, cat, cup)
의사소통기능 및 표현		1. 습관 –I get up at seven every day. 2. 사실적 정보 –What time do you go to bed?
차시별 내 용	1차시	• 습관에 관한 표현 듣고 말하기 • 빙고놀이하기
	2차시	• 습관을 나타내는 말 듣고 말하기 • 노래하기 • 카드 모으기 놀이하기
	3차시	• 의미를 이해하며 낱말 읽기 • 그림 보며 낱말 쓰기 • 카드 연결하기 놀이하기
	4차시	• 책 만들기 활동하기 • 학습내용 정리하기
어 휘		back, every, get, homework, night, study
학습 시기		5월 4주 ~ 6월 1주

[표 10] 5학년 영어교과서·교사용 지도서 분석내용 (Lesson 7)

단 원 명		Lesson 7. She's Tall.
단원 목표	듣 기	인물의 모습을 묘사하는 말을 듣고 이해한다. 되묻는 대화를 듣고 이해한다.
	말하기	인물의 모습에 관해 묻고 대답한다. 이해하지 못한 말을 되묻는다.
	읽 기	신체에 관련된 낱말과 묘사하는 낱말의 의미를 파악하여 소리내어 읽는다. (big, small, long, short, eyes, ears, hair)
	쓰 기	신체와 관련된 낱말을 보고 쓴다. (nose, mouth, face)
의사소통기능 및 표현		1. 사실 묘사 －She's tall. You have nice glasses. 2. 되묻기 －What?
차시별 내 용	1차시	• 인물 묘사하는 표현 듣고 이해하기 • 카드집기 놀이하기
	2차시	• 인물 묘사하여 말하기 • 노래하기 • 인물 완성하기 놀이하기
	3차시	• 의미를 이해하며 낱말 읽기 • 그림 보며 낱말 쓰기 • 문장 연결하기 놀이하기
	4차시	• 인물 꾸미기 활동하기 • 학습내용 정리하기
어 휘		ear, glasses, hair, long, short, singer, uncle
학습 시기		6월 2주 ~ 6월 3주

▌[표 11] 5학년 영어교과서·교사용 지도서 분석내용 (Lesson 8) ▌

단 원 명		Lesson 8. Let's Go Swimming.
단원 목표	듣 기	제안하고 응답하는 표현을 듣고 이해한다.
	말하기	제안하고 응답하는 말을 한다.
	읽 기	간단한 낱말의 의미를 이해하며 읽는다. (swimming, camping, hiking, skating, fishing, shopping)
	쓰 기	그림을 보고 대응하는 낱말을 쓴다. (piano, tennis, violin)
의사소통기능 및 표현		1. 제안하기 –Let's go swimming. –How about this afternoon? 2. 응답하기 –Sorry, I can't. / Sounds good.
차시별 내 용	1차시	• 제안과 응답하는 말 듣고 이해하기 • 카드집기 놀이하기
	2차시	• 제안과 응답하는 말하기 • 챈트하기 • 짝찾기 놀이하기
	3차시	• 의미 이해하며 낱말 읽기 • 그림 보며 낱말 쓰기 • 낱말 오목 놀이하기
	4차시	• 일정표 만들기 활동하기 • 학습 내용 정리하기
어 휘		busy, camping, lesson, paper, ready, scissors, shopping, sound
학습 시기		6월 4주 ~ 7월 1주

2. 타 교과 내용 분석

본 절에서는 영어 교과서·교사용 지도서 분석 후 해야 할 타 교과와의 관련된 내용의 분석 방법을 제시한 후 분석의 실제를 제시하고자 한다.

2.1 타 교과 내용 분석 방법

영어 교과서와 교사용 지도서의 분석이 끝나면 다음으로 해야 할 일은 분석된 영어교과와 타 교과가 관련이 있는지 알아보는 것이다. 즉, 타 교과의 내용을 분석하여 영어수업에 적용가능한 지를 알아보는 것이다. 이러한 타 교과 내용의 분석은 다음과 같은 방법에 의해서 한다.

① 지도하는 학년의 학생들이 학습해야 할 시기보다 앞서 학습한 전 교과의 교과서와 교사용 지도서(교육인적자원부, 2002)를 준비한다. 이는 학생들이 사전학습이 된 타 교과의 내용만이 영어수업에 통합 적용할 수 있기 때문이고, 실제적으로 타 교과 내용의 관련성을 파악할 수 있는 가장 손쉽고 정확한 방법이 타 교과의 교과서와 교사용 지도서를 이용하는 것이기 때문이다.

② 각 교과의 교과서를 참고로 하여 교사용 지도서의 내용 체계표와 연간 지도 계획을 살펴본다. 이러한 활동을 통해 각 교과의 대략적인 내용을 파악해 영어교과와의 관련을 짓는데 아이디어를 제공받을 수 있다.

③ 각 교과의 단원 지도 계획을 파악한다. 단원 지도 계획에는 교과마다 다소 차이는 있지만 단원명, 주제, 제재가 제시되어 있고 제재별 주요 내용 요소가 있어서 각 단원별 내용을 좀 더 자세히 알 수 있다. 이를

통해 영어교과와의 관련성을 구체화할 수 있다.

④ 각 교과의 제재별, 혹은 차시별 지도 계획을 분석한다. 영어학습에 관련되는 타 교과의 내용 및 학습방법 등을 찾을 수 있는 중요한 단계이다. 차시별 학습목표를 파악하고 핵심 내용을 파악하며 제시된 학습 전개 과정을 통해 구체적인 내용과 학습 방법 등을 살펴서 영어수업에 적용할 수 있는 내용을 찾아낸다.

⑤ 각 교과에서 찾아낸 관련되는 내용이 학생들의 이해수준에 적당한지, 학생들의 관심과 흥미를 유발할 수 있는 내용인가를 살펴본다. 이는 관련이 있다고 해서 모두가 통합의 대상이 되는 것은 아니고 초등영어 통합학습은 학생들에게 외국어의 학습이라는 부담이 더하므로 사전학습이 되었다 하더라도 되도록 모두가 이해할 만큼 쉬운 내용이고, 또한 관심과 흥미를 끌 수 있는 내용으로 구성되어야 하기 때문이다.

2.2 타 교과 내용 분석의 실제

위와 같은 분석 방법으로 분석한 실제를 다음에서 제시하고자 한다. 여기서는 5학년 영어교과의 Lesson 1에서 Lesson 8까지의 타 교과의 관련되는 내용 분석의 실제를 제시하겠다.

[표 12] 영어와 관련된 타 교과의 내용 분석 (Lesson 1. How Are You?)

타 교과	학년 학기	단원	제재 및 관련 내용
도덕	4-2	1. 가깝고 반가운 친척	친척끼리 화목하게 지내기 위하여 지켜야 할 예절 실천하기
도덕	3-1	4. 화목한 우리 집	'어머니와 세 딸'을 읽고 물음에 답하기
도덕	3-1	5. 예절바른 우리	바른 인사 예절 알기
즐거운 생활	2-1	1. 만나서 반가워요	인사놀이
바른생활	2-1	6. 즐거운 우리 집	가족 소개해 보는 활동 가족놀이 활동
슬기로운 생활	1-1	2. 나의 몸 (3) 병원놀이	병원놀이 준비하기 병원놀이하기
바른 생활	1-1	5. 안녕하세요	상대에 알맞은 인사 알기 인사하기놀이 활동

[표 13] 영어와 관련된 타 교과의 내용 분석 (Lesson 2. What Day Is It Today?)

타 교과	학년 학기	단원	제재 및 관련 내용
체육	5	1. 달리기	배턴을 주고받으며 이어달리기 시합하기
도덕	3-2	1. 약속과 규칙	학교생활의 규칙
바른 생활	2-2	2. 깨끗한 환경	환경보호활동의 날
수학	2-1	7. 시간 알아보기	시간 알아보기, 하루의 시간, 달력
슬기로운 생활	1-1	2. 나의 하루 생활 (1) 하루 동안에 변하는 모습 관찰하기	하루생활
바른 생활	1-1	1. 알아서 척척	학교수업시간 전에 준비하는 것의 중요성

[표 14] 영어와 관련된 타 교과의 내용 분석 (Lesson 3. It's Under the Table)

타 교과	학년 학기	단원	제재 및 관련 내용
사회	5-1	1. 우리나라의 자연 환경과 생활 (2) 자연 환경을 이용한 생활	(선택학습) 두 초가집의 차이와 그 까닭 알기
실과	5	2. 깨끗한 생활환경 (1) 책상과 옷장 정리하기	물건을 보관하는 장소 알기 책상이나 옷장에 물건을 정리하기
사회	4-1	1. 우리 시·도의 모습 (선택학습)	주어진 지도에서 보물찾기
과학	5-1	9. 작은 생물	우리주위의 작은 생물 관찰하기
즐거운 생활	2-1	3. 꼭꼭 숨어라	보물찾기
슬기로운 생활	1-2	5. 1학년 마무리 (1) 정리하기	교실 안의 물건 정리하기

[표 15] 영어와 관련된 타 교과의 내용 분석 (Lesson 4. What a Nice Day!)

타 교과	학년 학기	단원	제재 및 관련 내용
사회	4-2	1. 문화재와 박물관 (2) 박물관 견학과 문화재 답사	(3) 세계적인 우리 문화재 우리의 세계 문화유산
미술	4	12. 우리나라 미술품	우리나라 미술품 감상하고 느낌 표현하기
과학	4-2	1. 동물의 생김새	동물의 생김새와 특징 상상의 동물을 그리거나 만들기
도덕	4-2	4. 자랑스러운 우리 문화	우리의 문화유산에 깃든 정신을 알고, 이를 소중히 해야 하는 까닭 알기
과학	3-2	3. 지구와 달	지구의 모양 달의 표면 모습 관찰하기
과학	3-1	6. 물에 사는 생물	물에 사는 생물 관찰하기 연못이나 개울에서 관찰한 것 나타내기 어항 속의 생물 관찰하기

[표 16] 영어와 관련된 타 교과의 내용 분석 (Lesson 5. Where Is Namdaemun(Sungnyemun)?)

타 교과	학년 학기	단원	제재 및 관련 내용
도덕	4-1	4. 네가 먼저	남에게 친절하게 대하고 양보하는 태도의 중요성 알기
미술	3	12. 우리 고장의 미술품	우리 고장의 미술품을 볼 수 있는 곳 알아보기
사회	3-2	1. 고장생활의 변화 (2) 교통·통신의 발달	교통수단의 발달이 생활에 미치는 영향
사회	3-2	3. 살기 좋은 우리 고장 (1) 고장의 여러 기관과 단체	공공 기관의 종류와 위치
사회	3-1	1. 우리 고장의 모습 (1) 학교 주변의 모습	집에서 시장가는 길을 글로 표현하기 분단별로 반 친구들의 집을 그림지도로 나타내기
즐거운 생활	2-2	2. 열차 여행	열차 놀이하기

[표 17] 영어와 관련된 타 교과의 내용 분석 (Lesson 6. I Get Up at Seven Every Day.)

타 교과	학년 학기	단원	제재 및 관련 내용
도덕	4-1	2. 내 힘으로	자주적인 생활이 필요한 까닭 알기
실과	5	1. 우리의 가정생활 (2) 서로 돕는 가정생활	역할 분담의 필요성 나의 역할 생활 계획과 실천
체육	3	1. 신체의 성장과 발달	몸의 청결과 건강과의 관계 올바른 식생활 태도와 건강과의 관계 알아보기 운동 선택과 계획 세우기
바른 생활	2-1	3. 스스로 하는 어린이	학교와 집에서 스스로 할 수 있는 일 실천해 보는 활동
슬기로운 생활	1-1	4. 슬기롭게 여름 나기 (1)건강하게 자라요	여름철의 음식 여름 음식 먹기
바른 생활	1-1	1. 알아서 척척	학교 수업시간 전에 준비하는 것의 중요성

[표 18] 영어와 관련된 타 교과의 내용 분석 (Lesson 7. She's Tall.)

타 교과	학년 학기	단원	제재 및 관련 내용
국어 (말·듣·쓰)	5-1	[둘째 마당] 사실과 발견 1. 찬찬히 살피며	분석의 방법 알기 분석의 방법으로 쓸 내용 정리하기
미술	4	8. 재미있는 표현	여러 가지 재료와 방법으로 표현하기
과학	4-2	1. 동물의 생김새	상상의 동물 그리거나 만들기
미술	3	4. 표정과 느낌	여러 가지 표정의 얼굴 표현하기
즐거운 생활	2-1	1. 만나서 반가워요	친구 얼굴 표현하기
바른 생활	2-1	6. 즐거운 우리 집	가족 소개하기
바른 생활	2-1	7. 정다운 이웃	서로 돕는 이웃
바른 생활	2-2	3. 우리 함께 지켜요.	즐거운 교통 놀이
우리들은 1학년	1	1. 학습용구 바르게 사용하기	가위로 여러 모양 오려서 재미있게 꾸미기

[표 19] 영어와 관련된 타 교과의 내용 분석 (Lesson 8. Let's Go Swimming.)

타 교과	학년 학기	단원	제재 및 관련 내용
국어 (말·듣·쓰)	4-1	[넷째 마당] 오가는 정 1. 서로서로 도우며	부탁하거나 거절하는 말을 예절바르게 하기
체육	4	3. 공놀이	간이 볼링 게임하기 대장공놀이하기
실과	5	1. 우리의 가정생활	(2) 서로 돕는 가정생활 생활 계획과 실천
미술	3	9. 문자와 초대장	초대장 꾸미기
음악	5	9. 봄이 가고 여름 오면	가사 바꾸어 노래 부르기
즐거운 생활	1-2	3. 들로 산으로	여러 가지 놀이하기

3. 수업 계획, 실행 및 평가

본 절에서는 영어 교과서·교사용 지도서 분석과 타 교과의 관련되는 내용의 분석을 바탕으로 수업을 행하기 위한 수업 계획을 세워 실행하고 평가하는 방법과 그 실제를 제시하고자 한다.

3.1 수업 계획, 실행 및 평가의 방법

영어 교과서·교사용 지도서의 분석 후 타 교과 내용을 분석하여 관련되는 내용을 찾은 후에는 실제 수업을 계획, 실행하고 평가해야 한다. 이를 위한 방법은 다음과 같다.

① 연간 지도 계획을 수립한다. 이는 1년간의 영어수업을 원활히 행하기 위해 필요하다. 그 계획을 수립할 때에는 교사용 지도서의 연간 지도 계획을 바탕으로 통합수업할 내용을 첨가한다. 구체적인 항목은 지도 시기(월, 주), 단원명, 의사소통기능, 차시, 주요 학습 내용, 타 교과의 내용 등이 있을 수 있으며, 이는 학교별 실정에 맞게 재구성할 수 있다.

② 단원 지도 계획을 수립한다. 이는 단원별로 구성된 교과서 체제하에서 각 언어 영역별 목표를 달성하기 위해 필요하다. 그 계획을 수립할 때에는 교사용 지도서의 단원 지도 계획을 바탕으로 분석된 타 교과의 관련되는 내용을 첨가한다. 구체적인 항목은 단원명, 단원 설정 취지, 단원목표, 의사소통기능 및 언어 규칙, 어휘, 해당 단원 관련 타 교과의 내용(교과명, 학년－학기, 단원명, 제재 및 관련 내용), 단원의 차시별 지도 계획(차시, 교과서쪽, 학습 단계, 학습 활동, 타 교과의 내용), 지도 및 평가 상의 유의점 등이 있을 수 있으나, 이는 계획하는 교사에 따라 다를 수 있다.

③ 차시별 수업지도안을 작성한다. 이는 매 차시별 수업을 위해 꼭 필요하다. 차시별 수업지도안을 작성할 때에는 교사용 지도서를 참고로

해서 분석된 타 교과의 관련되는 내용을 첨가하여 구체적으로 명시한다. 그 항목은 단원명, 단원의 소재/제재, 차시, 학습 목표, 교수－학습 자료, 타 교과의 내용(과목, 학년－학기, 단원명, 제재 및 내용), 수업 단계, 학습의 흐름, 교수－학습 활동, 시간, 타 교과의 내용 등이 있을 수 있으나, 이 역시 계획하는 교사에 따라 다를 수 있다.

④ 수업을 실행한다. 이는 위의 차시별 수업지도안에 의해 교사가 실제로 수업을 행하는 통합 학습의 핵심이다. 왜냐하면 아무리 교과서·교사용 지도서의 내용을 잘 분석하고 타 교과를 분석해 관련되는 내용을 찾아 연간 지도 계획, 단원 지도 계획, 차시별 수업지도안을 훌륭하게 작성했다 하더라도 실제 수업을 교사가 어떻게 행하느냐에 따라 초등영어 통합학습의 질은 결정되기 때문이다. 수업은 모형은 있을 수 있으나 전적으로 교사에게 자율적이기 때문에 여기서는 교사의 전문성이 요구된다.

⑤ 수업 결과를 평가한다. 이는 초등영어 통합학습의 최종의 단계[1]로 실행된 수업의 결과를 평가하는 것이다. 이때에는 학생의 수업 참여도, 흥미, 반응, 성취도에 대한 교사의 관찰, 지필 평가와 학생 자신의 자기 평가 등 수행 평가의 틀 안에서 이루어질 수 있다.

3.2 수업 계획, 실행 및 평가의 실제

3.2.1 연간 지도 계획의 수립

여기에서는 3월 지도계획을 중심으로 간략히 예시만 하고자 한다.

---

1) 형식적으로는 수업 결과의 평가가 초등영어 통합학습의 최종의 단계이나, 실제적으로 타 교과의 관련된 내용을 이용한 초등영어 통합학습의 내용은 이후 타 교과 수업에도 적용, 재학습되어 영어학습의 효과를 높일 수 있으므로 초등영어 통합학습은 계속된다고도 할 수 있다.

■ [표 20] 연간 지도 계획 예시(3월)

월	주	단원명	의사소통기능	차시	주요 학습 내용	타 교과의 내용
3	1	1 How are you?	⇒ 안부 묻고 대답하기 How are you? I'm fine, thank you. ⇒ 자기 소개하기 What's your name? My name's Joon.	1	• 안부와 이름 묻고 대답하기 • 이름 소개하기 놀이하기 • 인사하기 놀이하기	바른 생활(1-1) 5. 안녕하세요 즐거운 생활(2-1) 1.만나서 반가워요 바른 생활(2-1) 6.즐거운 우리 집
				2	• 안부 묻고 대답하기 • 노래하기 • 주사위놀이 하기	슬기로운 생활(1-1) 2. 나의 몸 바른생활(2-1) 6.즐거운 우리 집
	2			3	• 의미를 이해하며 낱말 읽기 • 알파벳 대·소문자 구별하여 쓰기 • 안부 묻기 놀이하기	도덕(4-2) 1.가깝고 반가운 친척 도덕(3-1) 5.예절바른 우리 국어(3-2) 1.마음 속 풍경
				4	• 인어 공주 역할놀이 하기 • 학습 내용 정리하기	도덕(3-1) 4. 화목한 우리 집 국어(3-1) 2. 알맞은 말
	3	2 What Day Is It Today?	⇒ 사실적 정보 What day is it today? It's Monday. We have / don't have English today.	1	• 요일 묻고 대답하기 • 카드 추측하기 놀이하기	바른생활(2-2) 2.깨끗한 환경
				2	• 교과목에 대해 묻고 말하기 • 노래하기 • 말 전하기 놀이하기	바른생활(1-1) 1.알아서 척척 체육(5) 1.달리기
	4			3	• 의미를 이해하며 낱말 읽기 • 알파벳 대·소문자 구별하여 쓰기 • 기억하기 놀이하기	수학(2-1) 7. 시간 알아보기 도덕(3-2) 1. 약속과 규칙
				4	• 요일 추측하기 활동하기 • 학습내용 정리하기	슬기로운 생활(1-1) 2. 나의 하루생활

3.2.2 단원 지도 계획의 수립

여기서는 Lesson 1. How are you?로 단원 지도 계획을 예시하겠다.

[표 21] 단원 지도 계획 예시 (Lesson 1. How Are You?)

<table>
<tr><th>단원명</th><th colspan="3">Lesson 1. How Are You?</th></tr>
<tr><td>단원
설정
취지</td><td colspan="3">우리는 살아가면서 무척 다양한 사람들과 만난다. 이 단원에서는 처음 만나는 사람과 인사를 나누고, 주변 사람들과 안부를 묻고 대답하는 표현을 익혀 사용함으로써 원만한 인간관계를 형성하도록 한다.</td></tr>
<tr><td rowspan="4">단원
목표</td><td>듣기</td><td colspan="2">상대방의 이름과 안부를 묻고 대답하는 말을 듣고 이해한다.</td></tr>
<tr><td>말하기</td><td colspan="2">상대방의 이름과 안부를 묻고 대답하는 말을 한다.</td></tr>
<tr><td>읽기</td><td colspan="2">간단한 낱말의 의미를 이해하며 읽는다.
(chair, classroom, desk, door, name, window)</td></tr>
<tr><td>쓰기</td><td colspan="2">알파벳 대·소문자를 구별하여 쓴다.
(Aa, Bb, Cc, Dd, Ee)</td></tr>
<tr><td rowspan="2">의사소통
기능 및
언어규칙</td><td>의사소통
기 능</td><td colspan="2">1. 안부 묻고 대답하기
How are you? I'm fine, thank you.
2. 자기 소개하기
What's your name? My name's Joon.</td></tr>
<tr><td>언어규칙</td><td colspan="2">I'm ________. My name's ________.</td></tr>
<tr><td>어 휘</td><td colspan="3">about, angry, egg, fine, from, headache, home, love, prince, really, song, well</td></tr>
<tr><th>타 교과</th><th>학년
학기</th><th>단원</th><th>제재 및 관련 내용</th></tr>
<tr><td>도덕</td><td>4-2</td><td>1. 가깝고 반가운 친척</td><td>친척끼리 화목하게 지내기 위해 지켜야 할 예절 실천하기</td></tr>
<tr><td>국어
(읽기)</td><td>3-2</td><td>[넷째 마당] 인물과 하나 되어
1. 마음속 풍경</td><td>시에 나오는 인물과 같은 경험 말하기
인물에게 하고 싶은 말 편지로 쓰기</td></tr>
<tr><td>국어
(말·듣·쓰)</td><td>3-1</td><td>[첫째 마당] 함께 열어 가는 세상
2. 알맞은 말</td><td>높임말의 필요성 알기
높임법 활용하여 말하기</td></tr>
<tr><td>도덕</td><td>3-1</td><td>4. 화목한 우리 집</td><td>'어머니와 세 딸'을 읽고 물음에 답하기</td></tr>
<tr><td>도덕</td><td>3-1</td><td>5. 예절바른 우리</td><td>바른 인사 예절 알기</td></tr>
</table>

즐거운 생활	2-1	1. 만나서 반가워요	인사놀이	
바른 생활	2-1	6. 즐거운 우리 집	가족 소개해 보는 활동	가족놀이 활동
슬기로운 생활	1-1	2. 나의 몸 (3) 병원놀이	병원놀이 준비하기	병원놀이하기
바른 생활	1-1	5. 안녕하세요	상대에 알맞은 인사 알기	인사하기놀이 활동

단원의 차시별 지도계획	차시	교과서 쪽	학습 단계	학습 활동	타 교과의 내용
	1	8-9	• Look and Listen • Listen and Repeat (1) • Let's Play (1)	• CD-ROM 타이들 보면서 듣기 • 듣고 따라 말하기 • 이름 소개하기 놀이하기 • 인사하기 놀이하기	바른 생활(1-1) 5. 안녕하세요 즐거운 생활(2-1) 1. 만나서 반가워요 바른생활(2-1) 6.즐거운 우리 집
	2	10-11	• Look and Speak • Listen and Repeat (2) • Let's Sing • Let's Play (2)	• CD-ROM 타이들 보면서 듣기 • 듣고 따라 말하기 • 'How Are You?' 노래하기 • 주사위놀이 하기	슬기로운 생활(1-1) 2. 나의 몸 바른 생활(2-1) 6.즐거운 우리 집
	3	12-13	• Let's Read • Let's Write • Let's Play (3)	• 그림 보며 낱말 읽기 • 알파벳 Aa - Ee 쓰기 • 안부 묻기 놀이하기	도덕(4-2) 1. 가깝고 반가운 친척 도덕(3-1) 5. 예절바른 우리 국어(3-2) 1. 마음속 풍경
	4	14-15	• Role-play • Review	• 인어 공주 역할놀이하기 • 학습 내용 정리하기	도덕(3-1) 4. 화목한 우리 집 국어(3-1) 2. 알맞은 말

지도 및 평가상의 유의점	• 이 단원에서는 학생들 자신의 이름이나 현재의 기분을 표현해 볼 수 있으므로 가능한 실제적인 언어 상황을 이용하여 활동해 본다. • 3차시의 안부묻기 놀이에서 짝활동하는 모습을 관찰하여 말하기 평가로 사용할 수 있다.

3.2.3 차시별 수업지도안 작성

여기서는 Lesson 1. How are you?의 1차시로 수업지도안을 예시하겠다.

▌[표 22] 차시별 수업지도안 예시 (Lesson 1. How Are You?의 1차시) ▌

<table>
<tr><td colspan="2">단 원 명</td><td colspan="3">Lesson 1. How are you?</td></tr>
<tr><td colspan="2">단원의 소재 / 제재</td><td>이름과 안부 묻고 답하기</td><td>차시</td><td>1 / 4</td></tr>
<tr><td colspan="2">학습 목표</td><td colspan="3">이름과 안부를 묻고 대답하는 말을 듣고 이해하며 말할 수 있다.</td></tr>
<tr><td colspan="2">교수 학습 자료</td><td colspan="3">컴퓨터, CD-ROM Title, 인형, 학생 이름표, 음악 CD
교과서{영어(5), 바른 생활(1-1), 즐거운 생활(2-1)}</td></tr>
<tr><td colspan="2">타 교과의 내용</td><td colspan="3">바른 생활 (1-1) 5. 안녕하세요 인사하기놀이 활동
즐거운 생활 (2-1) 1. 만나서 반가워요 인사놀이
바른 생활 (2-1) 6. 즐거운 우리집 가족 소개해 보는 활동</td></tr>
<tr><td>수업단계</td><td>학습의 흐름</td><td>교수−학습 활동</td><td>시간</td><td>타 교과의 내용</td></tr>
<tr><td>Introduction</td><td>Greeting

Introduction of aims</td><td>◆교사 자신이 이름을 소개하며 인사나누기
−Hello, everyone. My name.
Nice to meet you.
−Nice to meet you, too.
◆가족 그림(사진)보면서 가족 소개하기
◆학습 문제 확인</td><td>5'</td><td>바른 생활 (2-1)
6. 즐거운 우리집 가족 소개해 보는 활동</td></tr>
<tr><td>Development</td><td>Look and think

Look and listen</td><td>◆교과서 그림을 보며 학습내용 상상하기
−Open your book to page 8.
Look at the picture. Who do you see?
What's the picture about?
◆CD-ROM Title의 대화 듣기
(처음에는 소리 없이 화면만 보여주고 다음에는 소리와 함께 화면을 보여준다.)
−내용과 관련된 다양한 발문과 대답하기</td><td>30'</td><td></td></tr>
</table>

Development	Play 1 Play 2	◆인형 던지며 이름 묻고 답하기 –한 학생에게 공을 던지며 묻기 (What's your name?) –공을 받은 학생은 자신의 이름 말하기 (My name is .) –만나서 반갑다고 인사 나누고, 다른 학생에게 공 던지며 놀이 계속하기 (Nice to meet you. Nice to meet you, too.) ◆노래에 맞춰 춤추며 인사하기 –2열 원형으로 남녀 마주 보고 춤추며 안부 묻고 대답하기 (How are you? I'm fine, thank you.) –꼬리잡기 놀이로 맨 앞 사람끼리 영어로 인사 후 가위바위보로 진 팀이 이긴 팀 뒤로 가서 꼬리 만들기	30'	바른 생활 (1-1) 5. 안녕하세요 인사하기 놀이 활동 즐거운 생활 (2-1) 1. 만나서 반가워요 인사놀이 (민속춤)
Consolidation	Review Saying good -bye	◆교사가 학생에게 안부 묻고 대답하기 –How are you? –I'm fine, thank you. ◆짝끼리 이름 묻고 대답하며 인사하기 –What's your name? –My name is . –Nice to meet you, . –Nice to meet you, too.	5'	

이상의 타 교과의 관련된 내용을 이용한 초등영어 통합학습 지도 방안을 표로 정리하여 나타내면 다음과 같다.

[표 23] 타 교과의 관련된 내용을 이용한 초등영어 통합학습 지도방안

1. 영어 교과서·교사용 지도서 분석		
단계	지도방안	비고
1. 내용 파악	연간 수업지도 계획을 참고로 하여 1년 동안 가르칠 내용을 살펴본다.	1년간의 영어수업의 대략적인 내용파악에 도움
2. 단원 확인	각 단원명과 단원 목표를 확인한다.	타 교과의 관련되는 내용 파악에 도움
3. 기능, 표현 확인	각 단원별 습득해야 할 의사소통기능과 표현을 확인한다.	습득할 구체적인 표현 파악에 도움
4. 학습내용 파악	차시별 주요 학습 내용을 파악한다.	차시별 수업의 통합 가능한 내용 파악에 도움
5. 어휘 확인	각 단원에 제시된 습득해야 할 어휘를 확인한다.	타 교과의 내용 중 어휘의 연관성 파악에 도움

6. 학습시기 파악	각 단원의 학습시기를 파악한다.	타 교과의 사전학습여부 파악에 도움이 됨

↓

2. 타 교과 내용 분석

단계	지도방안	비고
1. 교재 준비	지도하는 학년의 학생들이 학습해야 할 시기보다 앞서 학습한 전 교과의 교과서와 교사용 지도서를 준비한다.	사전학습 여부와 실제적으로 가장 손쉽게 내용을 파악하는 데 도움
2. 개관	각 교과의 교과서를 참고로 하여 교사용 지도서의 내용 체계표와 연간 지도 계획을 살펴본다.	타 교과의 대략적인 내용 파악을 통해 영어와의 관련성을 파악하는 데 도움
3. 계획 확인	각 교과의 단원 지도 계획을 파악한다.	타 교과의 단원별 내용을 좀 더 자세히 파악해 영어와의 관련성을 구체화하는 데 도움
4. 계획 분석	각 교과의 제재별, 혹은 차시별 지도 계획을 분석한다.	영어와 관련되는 가장 구체적인 내용, 학습방법을 찾는 데 도움
5. 내용 검토	각 교과에서 찾아낸 관련되는 내용이 학생들의 이해수준에 적당한지, 학생들의 관심과 흥미를 유발할 수 있는 내용인가를 살펴본다.	물론 학생들의 이해수준과 흥미를 고려해 교과서를 구성했겠지만 외국어 학습의 특성상 학생들의 부담을 줄이기 위해 교사의 보다 세밀한 판단을 요함

↓

3. 수업 계획, 실행 및 평가

단계	지도방안	비고
1. 연간 지도 계획 수립	교사용 지도서의 연간 지도 계획을 바탕으로 통합수업할 내용을 첨가	1년간의 영어수업을 원활히 하는 데 도움 (지도시기, 단원명, 의사소통기능, 차시, 주요학습내용, 타 교과의 내용 등)
2. 단원 지도 계획 수립	교사용 지도서의 단원 지도 계획을 바탕으로 분석된 타 교과의 관련되는 내용을 첨가	단원별 교과서 구성 특성상 단원별 각 언어 영역별 목표 달성에 도움 (단원명, 단원 설정 취지, 단원목표, 의사소통기능 및 언어규칙, 어휘, 타 교과의 내용, 단원의 차시별 지도계획, 지도 및 평가상의 유의점 등)
3. 차시별 수업지도안 작성	교사용 지도서를 참고로 해서 분석된 타 교과의 관련 내용을 첨가해 구체적으로 명시	매 차시별 수업을 하는 데 도움 (단원명, 단원의 소재 / 제재, 차시, 학습목표, 타 교과의 내용, 교

		수-학습자료, 수업 단계, 학습의 흐름, 교수-학습 활동, 시간, 타 교과의 내용 등)
4. 수업 실연	수업을 실행한다.	교사의 전문성에 좌우함
5. 수업 평가	다양한 방법의 수행평가를 행함	타당하고 신뢰성 높은 평가를 통해 학생이해와 다음 학습을 위한 자료가 됨 (학생의 수업 참여도, 흥미, 반응, 성취도에 대한 교사의 관찰, 지필평가와 학생 자신의 자기 평가 등)

Chapter

4

타 교과의 관련된 내용을 이용한 초등영어 통합학습의 예시

1. 통합학습 지도 사례 비교

2. 통합학습 지도 사례 제시

제4장 타 교과의 관련된 내용을 이용한 초등영어 통합학습의 예시

본 장에서는 3장의 타 교과의 관련된 내용을 이용한 초등영어 통합학습 지도방안을 구체적인 지도 사례로서 제시하고자 한다. 초등영어 통합학습은 어떤 특정한 교과와만 할 수 있는 게 아니다. 3장의 지도방안에서도 제시하였듯이 영어 교과와 관련되는 내용이 있는 교과는 어떠한 교과라도 통합의 대상이 될 수 있다. 이러한 주장을 좀 더 구체화하기 위해 다른 연구자의 통합학습 시도와는 다른 교과로서 통합학습지도의 사례를 들어 비교하였으며, 그 외 몇몇 지도 사례를 덧붙여 제시하였다. 이때 지도 사례는 다양한 사례의 제시를 위해 3장의 단계에 따른 지도방안의 예를 표로 앞서 예시하였으므로 여기서는 차시별 수업지도안을 중심으로 제시하고자 한다.

1. 통합학습 지도 사례 비교

본 절에서는 영어 교과와 관련되는 내용이 있는 교과는 어떠한 교과라도 통합의 대상이 될 수 있음을 강조하고자 다른 연구자의 통합학습 시도와 같거나 비슷한 제재, 언어 표현이나 이전의 시도와는 다른 교과의 내용을 이용하여 통합학습의 지도 사례를 비교 제시하고자 한다.

1.1 바른 생활의 내용을 이용한 초등영어 통합학습지도

윤정(2000)은 4학년을 대상으로 Lesson 9. What Day Is It?이라는 단원으로 '요일 묻고 말하기'를 체육과 통합하여 제시하였다. 이에 본 연구자는 5학년을 대상으로 한 Lesson 2. What Day Is It Today?라는 단원으로 '요일 묻고 대답하기'를 바른 생활과 통합하여 아래와 같이 지도하였다.

[표 24] 바른 생활의 내용을 이용한 초등영어 통합학습 수업지도안
(Lesson 2. What Day Is It Today?의 1차시)

<table>
<tr><th colspan="2">단 원 명</th><th colspan="3">Lesson 2. What Day Is It Today?</th></tr>
<tr><td colspan="2">단원의
소재 / 제재</td><td>요일</td><td>차
시</td><td>1 / 4</td></tr>
<tr><td colspan="2">학습 목표</td><td colspan="3">요일을 묻고 대답하는 말을 듣고 이해하며 말할 수 있다.</td></tr>
<tr><td colspan="2">교수 학습 자료</td><td colspan="3">컴퓨터, CD-ROM Title, 공, 요일 낱말 카드, 달력, 조별 주머니, 교과서{영어(5), 바른 생활(2-2)}</td></tr>
<tr><td colspan="2">타 교과의 내용</td><td colspan="3">바른 생활 (2-2) 2. 깨끗한 환경 환경보호활동의 날</td></tr>
<tr><td>수업
단계</td><td>학습의 흐름</td><td>교수－학습 활동</td><td>시
간</td><td>타 교과의
내용</td></tr>
<tr><td rowspan="3">Introduction</td><td>Greeting</td><td>◆인사와 요일 묻기
－Hello, everyone. How are you?
－I'm fine. Thanks. How about you?
－Great. thanks. What day is it today?
－수요일이에요.</td><td rowspan="3">7'</td><td rowspan="3">바른 생활
(2-2) 2.
깨끗한
환경.
환경
보호활동의
날</td></tr>
<tr><td>Motivation</td><td>◆우리 학교 환경보호활동의 날이 무슨 요일인가 묻고 답하기(달력을 보면서 우리반 환경보호일, 봉사일, 쓰레기 분리수거일은 무슨 요일인가?)
－What day is 'The Protection of Environment Activity Day' in our school?
－It's 토요일.</td></tr>
<tr><td>Introduction
of aims</td><td>◆학습 문제 확인</td></tr>
<tr><td>Developme
nt</td><td>Look and
think</td><td>◆교과서 그림을 보며 학습내용 상상하기
－Please open your book to page 16.
－Who do you see?
－What are they doing?</td><td>28'</td><td></td></tr>
</table>

Development	Look and listen	◆CD-ROM Title의 대화 듣기 (처음에는 '조용히'기능으로 화면만 보여주고 점차 소리와 함께 화면을 보여준다.) –내용과 관련된 다양한 발문하고 대답하기	28'	
	Listen and repeat	◆대화 듣고 따라 하기 –What day is it today? –It's Wednesday.		
	Play	◆요일 카드 추측하기 놀이하기 –조원 카드를 모두 모아 주머니에 넣는다. –학생 한 명이 주머니에 손을 넣어 카드 하나를 선택하고 무슨 요일인지 추측한다. –나머지는 질문하고, 해당 학생은 말한다. (What day is it today? It's Sunday.) –추측한 것이 맞으며 책상 위의 카드를 모 두 가져가고, 틀리면 책상 위에 놓는다. –카드가 가장 많은 학생이 이긴다.		
Consolidation	Review	◆달력 짚으며 질문하고 대답하기 –What day is it today? –It's Saturday.	5'	
	Saying good-bye	◆끝인사하기 –Time's up. Bye-bye.		

1.2 미술·도덕의 내용을 이용한 초등영어 통합학습지도

최지은(2001)은 5학년을 대상으로 Lesson 9. Where Is the Post Office?라는 단원으로 '위치 / 방향 지시어로 길 안내하기'를 사회와 통합하여 제시하였는데, 본 연구자는 5학년을 대상으로 Lesson 5. Where Is Namdaemun(Sungnyemun)?이라는 단원으로 '길 안내와 되묻는 말 듣고 말하기'를 미술·도덕의 내용을 이용하여 아래와 같이 통합 지도하였다.

[표 25] 미술·도덕의 내용을 이용한 초등영어 통합학습 수업지도안 (Lesson 5. Where Is Namdaemun(Sungnyemun)?의 1차시)

<table>
<tr><th colspan="2">단 원 명</th><th colspan="3">Lesson 5. Where Is Namdaemun(Sungnyemun)?</th></tr>
<tr><td colspan="2">단원의 소재 / 제재</td><td>길 안내와 되묻기</td><td>차시</td><td>1 / 4</td></tr>
<tr><td colspan="2">학습 목표</td><td colspan="3">길 안내 표현과 되묻는 말을 듣고 이해하며 말할 수 있다.</td></tr>
<tr><td colspan="2">교수 학습 자료</td><td colspan="3">컴퓨터, CD-ROM Title, 우리나라·고장지도, 우리고장 미술품 사진, 교과서{영어(5), 미술(3), 도덕(4-1)}</td></tr>
<tr><td colspan="2">타 교과의 내용</td><td colspan="3">미술(3) 12. 우리 고장의 미술품 우리 고장의 미술품을 볼 수 있는 곳 알아보기
도덕(4-1) 4. 네가 먼저 남에게 친절하게 대하고 양보하는 태도의 중요성 알기</td></tr>
<tr><td>수업 단계</td><td>학습의 흐름</td><td>교수－학습 활동</td><td>시간</td><td>타 교과의 내용</td></tr>
<tr><td>Introduction</td><td>Greeting

Motivation

Introduction of aims</td><td>◆인사 및 날씨 묻고 답하기
－Hello, class. How's weather today?
－It's sunny.
◆지도 보며 위치 말하기
－Where is Halla Mt.?
－It's in Jeju island.
－Where is Namdaemun?
－It's in Seoul.
◆학습 문제 확인</td><td>5'</td><td></td></tr>
<tr><td>Development</td><td>Look and think

Look and listen

Listen and repeat</td><td>◆교과서 그림 보며 내용 상상하기
－What's in the picture?
－What's the picture about?
◆CD-ROM Title의 대화 듣기
('조용히'기능으로 화면만 보여주다가 점차 소리와 함께 화면을 보여준다.)
－내용과 관련된 다양한 발문하고 대답하기
◆대화 듣고 따라 하기
① －Where's Namdaemun?
－I'm sorry?
－Namdaemun, please.
－Oh, Namdaemun? It's over there.
② －Where's Namdaemun?
－Go straight and turn right at the bank. You can't miss it.
－Thank you.
－No problem.</td><td>30'</td><td></td></tr>
</table>

Development	Activity	◆우리 고장의 미술품 사진과 고장 지도 보며 그 장소로 가는 길 묻고 답하기 −Where's this sculpture?(사진 보여주며) −It's in the Seongpo Art Park. −Where's the Seongpo Art Park? (고장 지도 보여 주며) −Go straight and turn left at the market. You can't miss it. −Thank you. −You're welcome.		미술 (3) 12.우리고장의 미술품 우리 고장의 미술품을 볼 수 있는 곳 알아보기
Consolidation	Review Saying good-bye	◆짝끼리 장소 묻고 가는 길 알려주기 ◆길 안내할 때의 태도 묻고 답하기 −길 안내할 때는 어떻게 해야 하나요? −잘 알 수 있도록 친절하고 자세히 안내해 줍니다. ◆역할놀이로 다음 문장 익히기 −Thank you. −You're welcome. ◆끝인사하기	5'	도덕 (4-1) 4.네가 먼저 남에게 친절하게 대하고 양보하는 태도의 중요성 알기

1.3 슬기로운 생활의 내용을 이용한 초등영어 통합학습지도

조혜정(1999)은 4학년을 대상으로 영어와 체육을 통합하여 Let's Play Baseball in the Park란 통합단원을 구성하여 '제안하는 말하기'를 지도하였는데, 본 연구자는 5학년을 대상으로 Lesson 8. Let's Go Swimming.이란 단원으로 '제안하고 응답하기'를 슬기로운 생활의 내용을 이용해 초등영어 통합학습 수업지도안으로 아래와 같이 작성하여 제시한다.

[표 26] 슬기로운 생활의 내용을 이용한 초등영어 통합학습 수업지도안 (Lesson 8. Let's Go Swimming.의 1차시)

<table>
<tr><th colspan="2">단 원 명</th><th colspan="3">Lesson 8. Let's Go Swimming.</th></tr>
<tr><td colspan="2">단원의 소재 / 제재</td><td>제안하고 응답하기</td><td>차시</td><td>1 / 4</td></tr>
<tr><td colspan="2">학습 목표</td><td colspan="3">제안과 응답하는 표현을 듣고 이해하며 말할 수 있다.</td></tr>
<tr><td colspan="2">교수 학습 자료</td><td colspan="3">컴퓨터, CD-ROM Title, 학생용 그림카드, 병원놀이 도구
교과서{영어(5), 슬기로운 생활(1-1)}</td></tr>
<tr><td colspan="2">타 교과의 내용</td><td colspan="3">슬기로운 생활(1-1) 2. 나의 몸 (3) 병원놀이
병원놀이 준비하여 하기</td></tr>
<tr><td>수업 단계</td><td>학습의 흐름</td><td>교수－학습 활동</td><td>시간</td><td>타 교과의 내용</td></tr>
<tr><td rowspan="3">Introduction</td><td>Greeting</td><td>◆간단한 인사말하기
－Hi, class. How are you?
－I'm fine. thanks. How about you?
－Great. thanks.</td><td rowspan="3">5'</td><td rowspan="3"></td></tr>
<tr><td>Motivation</td><td>◆이번 주말에 할 일 이야기하기
－What will you do this weekend?
－Nothing Special.
－Let's go to the baseball park.
－좋아요</td></tr>
<tr><td>Introduction of aims</td><td>◆학습 문제 확인</td></tr>
<tr><td rowspan="4">Development</td><td>Look and think</td><td>◆그림 보고 학습내용 추측하기
－Look at the pictures. Who are they?
－Can you guess what they are saying?</td><td rowspan="4">30'</td><td rowspan="3"></td></tr>
<tr><td>Look and listen</td><td>◆CD-ROM Title의 대화 듣기
－처음 들을 때는 전체적인 내용 파악을 위한 질문을 한다.
－다시 들을 때는 구체적인 내용을 파악하게 한다. 질문의 단서를 미리 줘 초점 있게 듣게 한다.
－다양한 발문을 하고 대답한다.</td></tr>
<tr><td>Listen and repeat</td><td>◆대화 듣고 따라 하기
① －Let's go swimming.
－Sounds good.
② －Let's go this afternoon.
－Sorry, I can't. I have a piano lesson.</td></tr>
<tr><td>Play</td><td>◆변형된 병원놀이하기
－조별로 병원에서의 역할극을 한다.
－상황 1(조원 중 1명이 아파서 병원을 간다.)과 상황 2(병원에서 병이 나아서 건강해지자 다른 사람이 어디에 가자고 한다)를 제시한 후 각 조별로 역할극을 한다.</td><td>슬기로운 생활(1-1) 2. 나의 몸 (3) 병원놀이 병원놀이 준비하여 하기</td></tr>
</table>

Development	Play	◆룰렛에 여러 활동사진을 붙이고 돌려서 나오는 장면을 영어로 말하기		
Consolidation	Review Saying good-bye	◆단어 카드 제시하며 교사가 제안하고 학생이 응답하기 －Let's go hiking/camping/fishing. －Sorry, I can't. / Sounds good. ◆끝인사하기	5'	

2. 통합학습 지도 사례 제시

본 절에서는 앞서 3장에서 제시한 지도방안을 바탕으로 영어와 관련이 있는 다양한 타 교과의 내용을 이용하여 통합학습 지도 사례를 몇몇 제시하고자 한다.

2.1 즐거운 생활의 내용을 이용한 초등영어 통합학습지도

5학년을 대상으로 Lesson 3. It's Under the Table.이란 단원으로 '사물의 위치 묻고 답하기'를 즐거운 생활의 내용을 이용해 초등영어 통합학습 수업지도안으로 아래와 같이 작성하여 지도하였다.

[표 27] 즐거운 생활의 내용을 이용한 초등영어 통합학습 수업지도안 (Lesson 3. It's Under the Table.의 1차시)

단 원 명	Lesson 3. It's Under the Table.		
단원의 소재 / 제재	사물의 위치 묻고 답하기	차시	1 / 4
학습 목표	사물의 위치를 묻고 대답하는 말을 듣고 이해하며 말할 수 있다.		
교수 학습 자료	컴퓨터, CD-ROM Title, 연필, 지우개, 필통, 보자기, 시계, 상자 등 교과서{영어(5), 즐거운 생활(2-1)}		
타 교과의 내용	즐거운 생활 (2-1)　　3. 꼭꼭 숨어라　　보물찾기		

<table>
<tr><th>수업
단계</th><th>학습의 흐름</th><th>교수-학습 활동</th><th>시간</th><th>타 교과의
내용</th></tr>
<tr><td>Introduction</td><td>Greeting

Motivation

Introduction
of aims</td><td>◆간단한 인사말하기
-Hello, class. How are you?
-I'm fine. thanks. How about you?
-Great. thanks.
◆10고개 게임하기
-There are something in the box. Can you guess what it is?
-Yes.
-I will give a hint for you. When you write the letter wrong, we use this. What's this in the box. (in 강조)
-It's an eraser.
-Excellent. It's a present for you.
◆학습 문제 확인</td><td>5'</td><td></td></tr>
<tr><td>Development</td><td>Look and
think

Look and
listen

Listen and
repeat

Play</td><td>◆그림보고 학습내용 추측하기
-Open your book to page 24.
Look at the picture. Who do you see?
-Take a guess. What's the picture about?
◆CD-ROM Title의 대화 듣기
-처음 들을 때는 먼저 내용에 중점을 두고 내용 파악을 위한 질문을 한다.
-다시 들을 때는 영어 표현에 중점을 두어 듣게 하고 각자 들은 표현을 말하게 한다.
◆대화 듣고 따라 하기
① Where's my pencil case?
It's under the table.
② Where's my watch?
On the TV.
◆보물찾기 놀이하기
-교실에 보물을 숨겨둔 후 찾게 한다.
-Where's the pencil?
-It's in/on/under the table.(질문 반복)
-찾은 보물은 선물로 준다.
① 물건을 숨긴 아이가 '마임'으로 자신이 숨긴 장소를 알리고, 다른 아이들은 영어로 말해서 맞추기 게임을 한다.
② '마임'으로 표현한 물건을 보드판에 붙이기 게임을 한다. (한명이 마임으로 표현하고 다른 한명이 마임을 보고, 그림을 바른 위치에 붙인다.)</td><td>30'</td><td>즐거운
생활
(2-1) 3.
꼭꼭
숨어라
보물
찾기</td></tr>
</table>

Consolidation	Review Saying good-bye	◆짝 활동으로 사물의 위치 묻고 답하기 –Where is the watch? –It's on the table. ◆끝인사하기 –Time's up. Good-bye, everyone. –Bye-bye, Mr. Kim.	5'	

2.2 사회·미술의 내용을 이용한 초등영어 통합학습지도

5학년을 대상으로 Lesson 4. What a Nice Day!란 단원으로 '감탄하기와 사물 묘사하기'를 사회·미술의 내용을 이용해 초등영어 통합학습 수업지도안으로 다음과 같이 작성하여 지도하였다.

[표 28] 사회·미술의 내용을 이용한 초등영어 통합학습 수업지도안 (Lesson 4. What a Nice Day!의 1차시)

단 원 명		Lesson 4. What a Nice Day!		
단원의 소재 / 제재		감탄하기와 사물 묘사하기	차시	1 / 4
학습 목표		감탄하는 말과 사물을 묘사하는 말을 듣고 이해하며 말할 수 있다.		
교수 학습 자료		컴퓨터, CD-ROM Title, 그림카드, 문화재·미술품 사진 교과서{영어(5), 사회(4-2), 미술(4)}		
타 교과의 내용		사회(4-2) 1.문화재와 박물관 (2)박물관 견학과 문화재 답사 우리의 세계 문화유산 미술(4) 12. 우리나라 미술품 우리나라 미술품 감상하고 느낌 표현하기		
수업 단계	학습의 흐름	교수-학습 활동	시간	타 교과의 내용
Introduction	Greeting Motivation	◆간단한 인사와 날씨 인사 나누기 –Hi, class. –Hello. Mr. Kim. –How's the weather today? –It's sunny. ◆문화재·미술품 사진 보며 묻고 답하기 –What's this?(사진을 보여주며) –It's Namdaemun. –남대문의 모양은 어떤가요? –너무 크고 아름다워요.	5'	

Introduction	Introduction of aims	◆학습 문제 확인		
Development	Look and think Look and listen Listen and repeat Play	◆그림보고 학습내용 추측하기 −Please open your book to page 32. −Look at the picture. Who do you see? −Can you guess what's the picture about? ◆CD-ROM Title의 대화 듣기 −처음 들을 때는 먼저 내용에 중점을 두고 들을 수 있도록 지도하고, 들은 후 내용에 대한 질문을 한다. −다시 들을 때는 표현에 중점을 두고 들을 수 있도록 지도하고 표현과 관련된 질문을 한다. ◆대화 듣고 따라 하기 ① What a tall tower! Yes, it's very tall. ② Where is Namdaemun? It's down there. Wow! It's so beautiful. ◆문화재 그림카드 짚으며 말하기 놀이하기 ① 짝을 정한다. ② 문화재 그림카드 한 세트를 책상에 펼쳐 놓는다. ③ 준비가 되었으면 두 손을 머리 위에 올린다. ④ 교사가 말하면 해당되는 그림 카드를 빨리 짚으면서 따라 말한다. (What a beautiful temple!) ⑤ 빨리 짚고 잘 말한 학생이 카드를 가져간다. ⑥ 카드가 없어질 때까지 계속한 후, 카드가 많은 학생이 이긴다. ⑦ 카드를 모두 섞어 늘어놓은 후, 다시 시작한다.	30'	사회 (4-2) 1. 문화재와 박물관 (2)박물관 견학과 문화재 답사 우리의 세계 문화유산 ① 교과서 그림을 보면서 감탄사로 서로 말하기 ②자료를 미리 준비하여 보여주었을 대 감탄사가 많이 말한 사람이 이김
Consolidation	Review Saying good-bye	◆미술품 사진 보며 학습 정리하기 −이 사진은 어떤 느낌이 나나요? −What a beautiful picture. ◆끝인사하기 −Time's up. Bye-bye, class. −Good bye, Mr. Kim.	5'	미술 (4) 12. 우리나라 미술품 우리나라 미술품 감상하고 느낌 표현하기

2.3 체육·실과의 내용을 이용한 초등영어 통합학습지도

5학년을 대상으로 Lesson 6. I Get Up at Seven Every Day.란 단원으로 '습관에 관해 듣고 말하기'를 체육·실과의 내용을 이용해 초등영어 통합학습 수업지도안으로 아래와 같이 작성하여 제시한다.

[표 29] 체육·실과의 내용을 이용한 초등영어 통합학습 수업지도안 (Lesson 6. I Get Up at Seven Every Day.의 1차시)

<table>
<tr><td colspan="2">단 원 명</td><td colspan="3">Lesson 6. I Get Up at Seven Every Day.</td></tr>
<tr><td colspan="2">단원의 소재 / 제재</td><td>습관에 관해 듣고 말하기</td><td>차시</td><td>1 / 4</td></tr>
<tr><td colspan="2">학습 목표</td><td colspan="3">습관에 관한 표현을 듣고 이해하며 말할 수 있다.</td></tr>
<tr><td colspan="2">교수 학습 자료</td><td colspan="3">컴퓨터, CD-ROM Title, 모형 시계, 생활계획표, 그림카드
교과서{영어(5), 체육(3), 실과(5)}</td></tr>
<tr><td colspan="2">타 교과의 내용</td><td colspan="3">체육 (3) 1. 신체의 성장과 발달 운동 선택과 계획 세우기
실과 (5) 1. 우리의 가정생활 생활 계획과 실천</td></tr>
<tr><td>수업 단계</td><td>학습의 흐름</td><td>교수-학습 활동</td><td>시간</td><td>타 교과의 내용</td></tr>
<tr><td>Introduction</td><td>Greeting

Motivation

Introduction of aims</td><td>◆간단한 인사말하기
-Hi, class. How are you?
-I'm fine, thanks. How about you?
-Good, thanks.
◆시계 보며 각자 상상해 보기
-지금 시각에 우리는 무얼 하고 있을까요?
-학교에 가고 있어요. 등
◆학습 문제 확인</td><td>5'</td><td></td></tr>
<tr><td>Development</td><td>Look and think

Look and listen</td><td>◆그림보고 학습내용 짐작하기
-Please open your book to page 48.
-What can you see in the picture?
-What's the dialog about?
◆CD-ROM Title의 대화 듣기
-화면 없이 소리만 듣고 내용 짐작해 보게 한 후 내용에 관한 질문하기
-화면을 보며 대화를 듣게 한 후 질문하기
-다시 들려주고 표현에 대한 질문하기</td><td>30'</td><td></td></tr>
</table>

Development	Listen and repeat Play	◆대화 듣고 따라 하기 ① Every day I get up at 7 o'clock. I wash my face at 7:30. ② What time do you go to bed? At nine o'clock. ◆운동 계획과 생활 계획으로 놀이하기 ① 모든 학생이 운동 계획과 생활 계획 중 선택해서 세운다. ② 짝끼리 서로 계획세운 걸 바꾼다. ③ 짝끼리 서로 물어 본 후 대답을 정확히 하면 1점을 얻는다. ④ 계획 세운 걸 똑같은 수만큼 물어본다. ⑤ 점수가 높은 짝이 이긴다. ◆선생님이 말씀하시는 문장에 맞추어 생활 계획표 만들기 –간단한 시간이 적힌 생활 계획표 학 습지 준비	30'	체육 (3) 1.신체의 성장과 발달 운동선택과 계획 세우기 실과 (5) 1. 우리의 가정생활 생활 계획과 실천
Consolidation	Review Saying good-bye	◆습관에 관한 표현 복습하기 –교사의 하루 일과를 듣고, 학생들은 조별로 시각 맞추며 말하기 –I get up at 6:30. (교사) –I get up at 6:30. (학생 : 시계 맞추며 말하기) ◆끝인사하기 –Time's up. Bye-bye. See you tomorrow. –Good bye. See you later.	5'	

2.4 국어의 내용을 이용한 초등영어 통합학습지도

5학년을 대상으로 Lesson 7. She's Tall.이란 단원으로 '인물 묘사하기'를 국어의 내용을 이용해 초등영어 통합학습 수업지도안으로 다음과 같이 작성하여 제시한다.

[표 30] 국어의 내용을 이용한 초등영어 통합학습 수업지도안 (Lesson 7. She's Tall.의 1차시)

단 원 명		Lesson 7. She's Tall.		
단원의 소재 / 제재		인물 묘사하기	차시	1 / 4
학습 목표		인물의 모습을 묘사하는 표현을 듣고 이해하며 말할 수 있다.		
교수 학습 자료		컴퓨터, CD-ROM Title, 그림 카드 교과서{영어(5), 국어(말·듣·쓰)(5-1), 국어(쓰기)(1-2)}		
타 교과의 내용		국어(말·듣·쓰) (5-1) [둘째 마당]사실과 발견 1. 찬찬히 살피며 분석의 방법으로 쓸 내용 정리하기 국어(쓰기) (1-2) [넷째 마당] 바르게 전해요 2. 살펴보고 정리하여 가족 중에서 한 사람을 정해, 친구에게 소개하는 글쓰기		
수업 단계	학습의 흐름	교수－학습 활동	시간	타 교과의 내용
Introduction	Greeting Motivation Introduction of aims	◆간단한 인사말하기 －Hello, everyone. How are you? －I'm fine, thanks. How about you? －Great, thanks. ◆각자 자기 모습 그리기 －자기 모습에 대해 말해 보세요. －안경을 꼈어요. 키가 커요. 등 ◆학습 문제 확인	5'	
Development	Look and think Look and listen Listen and repeat	◆그림보고 학습내용 추측하기 －Please open your book to page 56. －Let's look at the picture. ◆CD-ROM Title의 대화 듣기 －대화를 들려주고 본문의 내용으로 알 수 있는 여러 가지 참과 거짓의 문장을 제시하여 ○, ×로 대답하게 하기 (예) Mrs. Smith is Jinho's teacher.(○) She is very tall.(○) Jinho's uncle is a doctor.(×) He is wearing nice glasses.(○) －대화를 다시 들려준 후 처음의 질문을 반복 제시하고 각자 답을 적게 하고 확인함 ◆대화 듣고 따라 하기 ① A: That's my teacher, Mrs. Smith. B: What? Oh, she's tall. A: Yes, she is. ② C: You have nice glasses. B: Thank you. A: He's a singer. C: Oh, I see.	30'	국어(말·듣·쓰) (5-1) [둘째 마당] 사실과 발견 1. 찬찬히 살피며 분석의 방법으로 쓸 내용 정리하기

Development	Listen and repeat Play	◆인물사진을 보면서 각각의 눈, 코, 입, 귀, 머리카락, 키에 대해 살펴보며 말하기 －학습지에 인물사진을 실어 표로 정리하기 ◆가족 소개하기 게임하기(여러 가족, 친 구 사진을 주머니에서 뽑은 후) ① 조를 짠다. 이때 한 조는 5명 정도가 적당하고 게임은 2조씩 한다. ② 한 조에서 상대방을 묘사하는 말을 한다. ③ 다른 조에서도 상대방을 묘사하는 말을 한다. ④ 서로를 계속 묘사해서 계속해서 묘사할 수 있는 조가 이긴다.		국어(쓰기) (1-2) [넷째 마당]바르게 전해요 2. 살펴보고 정리하여 가족 중에서 한 사람을 정해, 친구에게 소개하는 글쓰기
Consolidation	Review Saying good-bye	◆인물 묘사하기 복습하기 －교사가 한 학생을 묘사하면 학생들은 잘 듣고 있다가 알면 이름을 말한다. －이름을 맞춘 학생이 또 다른 학생을 묘사하고 누군가가 답을 말한다. ◆끝인사하기	5'	

Chapter

5

구체적인 통합수업지도안

1. Lesson 1. How Are You?의 통합수업방법

2. Lesson 2. What Day Is It Today?의 통합수업방법

3. Lesson 3. It's Under the Table.의 통합수업방법

4. Lesson 4. What a Nice Day!의 통합수업방법

5. Lesson 5. Where's Namdaemun?의 통합수업방법

6. Lesson 6. I Get Up at Seven Every Day.의 통합수업방법

7. Lesson 7. She is tall.의 통합수업방법

8. Lesson 8. Let's go swimming.의 통합수업방법

제5장 구체적인 통합수업지도안

지금까지 초등학교에서 교육과정을 토대로 수업시간에 다른 과목들을 통합할 수 있는 방법들을 예시를 통해 살펴보았다.

이제 구체적인 교과 교차적인 통합 초등영어 지도방법을 위한 수업방법을 5학년 교과서 1과에서 8과까지를 통하여 자세하게 살펴보기로 하겠다.

1. Lesson 1. How Are You?의 통합수업방법

Lesson 1. How Are You?의 1차시는 바른 생활(1-1), 5. 안녕하세요, 인사하기놀이 활동과 즐거운 생활(2-1), 1. 만나서 반가워요, 인사놀이, 바른 생활(2-1), 6. 즐거운 우리 집, 가족 소개해 보기 제재의 공통점은 새로운 친구를 알고 싶어 하고, 친해지기를 원하는 학생들이 대화와 놀이를 통해 서로에게 익숙해지는 데 있다. 따라서 즐겁게 움직이며 이름과 안부를 묻고 대답하는 활동에 초점을 두었다. 동기유발에서는 가족사진을 가지고 가족을 소개하는 활동으로 흥미를 유발하고, 전개부분에서는 풀랑드르 지방의 전통춤인 덩케르트의 춤을 추면서 서로 안부를 묻고 대답하는 활동을 통해 원만한 인간관계를 형성하면서 체험적 활동으로 표현을 익힐 수 있도록 구성하였다.

Lesson 1. How Are You?의 1차시

단 원 명	Lesson 1. How are you?		
단원의 소재 / 제재	이름과 안부 묻고 답하기	차시	1 / 4
학습 목표	1. 이름과 안부를 묻고 대답하는 말을 듣고 이해하며 말할 수 있다. 2. 덩케르트 민속춤을 추며 자기 이름을 소개할 수 있다.		
교수 학습 자료	컴퓨터, CD-ROM Title, 인형, 학생 이름표, 음악 CD 교과서{영어(5), 바른 생활(1-1), 즐거운 생활(2-1)}		
타 교과의 내용	바른 생활 (1-1) 5. 안녕하세요. 인사하기놀이 활동 즐거운 생활 (2-1) 1. 만나서 반가워요. 인사놀이 바른 생활 (2-1) 6. 즐거운 우리 집. 가족 소개해 보는 활동		

수업 단계	학습의 흐름	교수－학습 활동	시간	타 교과의 내용
Introduction	Greeting Introduction of aims	◆교사 자신이 이름을 소개하며 인사나누기 T: Hello, everyone. My name is ______. Nice to meet you. S: Nice to meet you, too. ◆교사의 가족 소개하기 T: I'll introduce my family. This is my husband. His name is Lee Junho. This is my son. His name is Yeon. This is my daughter. Her name is Lila. T: That's the topic for today. We'll talk about family. ◆학습 문제 확인	5'	
Development	Listen and Talk	◆Let's talk about family. －가족 그림(사진)보면서 가족 소개하고 가족의 안부 묻기 T: Let's introduce your family now. Ask about their family's welfare like this, "How are they?" You can say, "They are fine. How about you?" You can say, "Very well, thanks". Who will be first? ______. S1: This is my family. This is my dad. This is my mom. This is my sister. This is me. S2: How are they? (all together) S1: They are fine. How about you? S2: Very well, thanks. (all together)	15'	바른 생활 (2-1) 6. 즐거운 우리집 / 가족 소개하기

Development	Let's Play(1)	❖ 2~3명의 학생들이 시범을 보인다음 다인수 학급에서는 6명씩 모둠을 나누어 가족을 소개하는 것이 효과적이다. ◆민속춤 추며 안부 묻기 —덩케르트의 민속춤을 추면서 춤이 끝나면 옆에 있는 파트너와 인사를 나누고 안부를 묻고 대답한다. S1: Hi, Jinho. How are you? S2: I'm good, thank you. How about you? S1: Very well, thanks. ❖ 덩케르트의 민속춤은 즐생(2-1)지도서54, 55쪽에 자세히 소개되어 있으니 참고하세요. ▷민속춤의 대체활동 : 영어로 인사하며 꼬리잡기 놀이하기 —꼬리잡기 놀이는 맨 앞 사람끼리 영어로 인사한 후 가위바위보로 진 팀이 이긴 팀 뒤로 가서 꼬리 만들기 T: Let's play the game. Let me show you how to play the game. At first, you make four teams by line and put them in lines. You have to hold the waist of the friend in front of you. And the first person of each team meets and says hello (My name is ______. Nice to meet you.). Then do 'rock-paper-scissors' with your first friend. Then the loser goes to the winner's tail.	15'	바른 생활 (1-1) 5. 안녕하세요./인사하기놀이 즐거운 생활 (2-1) 1. 만나서 반가워요/인사놀이(민속춤)
Consolidation	Review	◆뒷사람에게 안부 묻기 릴레이하기 S1: ______, How are you? S2: I'm fine, thank you. S3: · · · ◆짝끼리 이름 묻고 대답하며 인사하기 T: What's your name? S: My name is ______. T: Nice to meet you, ______. S: Nice to meet you, too.	5'	
	Saying good-bye	◆끝인사하기 T: Time's up. Bye-bye, everyone. S: Good bye, Mr. Kim.		

Lesson 1. How Are You?의 2차시는 바른생활(2-1), 6. 즐거운 우리 집. 손님맞이 바른 예절로 인사하기, 슬기로운 생활(1-1), 2. 나의 몸. 병원놀이하기 활동과 함께 안부를 묻고 대답하는 표현을 익힐 수 있도록 하기 위해 도입단계에서 선생님이 손님이 되고 학생이 손님을 맞이하는 입장에서 인사를 주고받도록 하였으며, 전개 단계의 Play 부분에서는 우유 곽으로 주사위를 만들고 6면에 여러 가지 기분을 나타내는 얼굴모양을 붙인 후 환자 팀과 의사 팀으로 나누어 의사가 상태를 묻고 환자가 대답하는 활동의 병원놀이를 이용하여 안부를 묻고 답하도록 통합활동안을 구성하였다.

Lesson 1. How Are You?의 2차시

<table>
<tr><th colspan="2">단 원 명</th><th colspan="4">Lesson 1. How are you?</th></tr>
<tr><td colspan="2">단원의 소재 / 제재</td><td colspan="2">이름과 안부 묻고 답하기</td><td>차시</td><td>2 / 4</td></tr>
<tr><td colspan="2">학습 목표</td><td colspan="4">1. 안부를 묻고 대답하는 표현을 듣고 이해하며 말할 수 있다.
2. 'How Are You?' 노래를 즐겁게 따라 부르며 안부를 묻고 대답하는 표현을 익힐 수 있다.
3. 병원놀이에 즐겁게 참여할 수 있다.</td></tr>
<tr><td colspan="2">교수 학습 자료</td><td colspan="4">컴퓨터, CD-ROM Title, 교과서(영어(5), 슬기로운 생활(1-1), 바른생활(2-1)</td></tr>
<tr><td colspan="2">타 교과의 내용</td><td colspan="4">슬기로운 생활 (1-1) 2. 나의 몸. 병원놀이하기
바른 생활 (2-1) 6. 즐거운 우리 집. 손님맞이 바른 예절로 인사하기</td></tr>
<tr><td>수업 단계</td><td>학습의 흐름</td><td colspan="2">교수-학습 활동</td><td>시간</td><td>타 교과의 내용</td></tr>
<tr><td>Introduction</td><td>Greeting

Introduction of aims</td><td colspan="2">◆조별로 오른쪽으로 돌아가며 옆 사람에게 인사하고 자기 이름 말하기
T: Hello, I'm ______. Nice to meet you.
S: Nice to meet you, too.
◆손님맞이 인사하기
-선생님이 손님이 되어서 묻고 학생들이 대답한다.
T: Hi, I'm Mr. Kim. What's your name?
S: My name is Nami. Nice to meet you.
T: Nice to meet you, too.
◆학습목표 제시</td><td>5'</td><td>바른생활 (2-1). 6.즐거운 우리 집. 손님맞이 바른 예절로 인사하기</td></tr>
</table>

Development	Dialogue	◆**Presentation dialogue** Doctor: What's your name? Patient: My name's Ann. Doctor: How are you today? Patient: Not so good. I have a cold. (I have a headache.) (I have a stomachache.) (I have bad eyes.) (I have a toothache.) (I am very tired.) —Listen and repeat. —Practice the dialogue with your partner.		
	Let's Sing	◆Let's sing - 'How are you?' 1. Listen to the song. (CD-ROM Title,로 노래를 들려준다.) 2. Let's sing (한 줄씩 따라 부르며 노래를 익힌다. 남학생들은 진호, 여학생들은 나미가 되어 노래한다.)		노래는 분산학습으로 5분 정도 연습한다.
	Let's Play(2)	◆병원놀이하기 ① 우유곽 두 개를 끼워 정육면체를 만든 후, 6개의 면에 여러 가지 표정의 얼굴을 오려 붙인다. ② 조별로 의사 팀과 환자 팀으로 나눈다. ③ 환자 팀 학생이 주사위를 굴려 표정이 선택되면, 의사 팀에서 기분을 묻고 주사위를 던진 팀이 한 목소리로 답한다. ④ 주사위를 던져 나온 점수를 합하여 승자를 결정한다. ⑤ 모두 참여하게 하기 위해, 팀원이 모두 한 목소리로 대답하게 한다. T: Make a regular (hexahedron) shape using two milk boxes. Attach various kinds of expressions on six sides. Divide each group into a doctor team and a patient team. A patient team student throws a dice and selects a face. The doctor team asks, "How do you feel?". All together the patient team answers according to the face on the dice. The team which gets the highest point becomes a winner. Doctor: Hi, How are you? Patient: Not so good. I have a cold	30'	슬기로운 생활(1-1). 2.나의/병원놀이하기

		Doctor: That's too bad. (Take some pills and get some rest.) Patient: Thank you. Doctor: You're welcome.		
Consolidation	Review Saying good-bye	◆노래 다시 부르기 (남학생들은 진호, 여학생들은 나미가 되어 묻고 답하며 노래한다.) ◆짝끼리 서로 안부를 묻고 대답하기 S1: Hi, ______. How are you? S2: I'm fine, thank you. How about you? S1: Not so good. I have a headache. ◆끝인사하기 T: Time's up. Bye-bye, class. S: Good bye, Mr. Kim.	5'	

Lesson 1. How Are You?의 3차시는 도덕(3-1), 5. 예절바른 우리, 바른 인사 예절 알기, 도덕(4-2), 1. 가깝고 반가운 친척, 여러 가지 상황에서 예절바른 말과 행동으로 표현해 보기 활동과 관련 두 제재의 공통점은 인사 예절이 왜 중요한지를 인식시키는 것과 구체적인 상황에서 상대에게 알맞은 인사말을 바르게 할 수 있도록 지도하는데 있다. 따라서 도입단계에서는 인사의 중요성과 여러 가지 인사예절에 관한 상황이 담긴 그림카드를 보여주고 그 상황에 맞는 인사를 예절바르게 하도록 구성하였으며, 전개 단계에서는 두 사람이 친척에게 생길 수 있는 여러 가지 상황을 적어둔 카드를 만들고 가위, 바위, 보로 이긴 사람이 상황카드를 들어 보이면 진 사람은 그에 맞는 안부를 묻도록 하는 활동으로 통합 구성하였다.

Lesson 1. How Are You?의 3차시

단 원 명	Lesson 1. How are you?		
단원의 소재 / 제재	이름과 안부 묻고 답하기	차시	3 / 4
학습 목표	1. 의미를 이해하며 낱말을 읽을 수 있다. 2. 알파벳 'Aa~Ee'의 대·소문자를 구별하여 쓸 수 있다. 3. 상황에 맞는 안부 묻기 놀이를 하면서 안부를 묻고 대답하는 말을 할 수 있다.		

교수 학습 자료		컴퓨터, CD-ROM Title, 교과서(영어(5), 도덕(3-1), 도덕(4-2)		
타 교과의 내용		도덕 (3-1) 5. 예절바른 우리. 바른 인사 예절 알기 도덕 (4-2) 1. 가깝고 반가운 친척. 여러 가지 상황에서 예절 바른 말과 행동으로 표현해 보기		
수업 단계	학습의 흐름	교수-학습 활동	시간	타 교과의 내용
Introduction	Greeting	◆안부와 주말에 지낸 일 묻기 T: How are you doing today? S: Very well, thank you. Mrs. Kim. T: What did you do on the weekend, ? S: I played soccer with my friends.	5'	
	Review	◆Let's sing together (남학생들은 진호, 여학생들은 나미가 되어 묻고 답하며 노래한다.)		
	Introduction of aims	◆학습목표 확인		
Development	Let's learn	◆인사의 중요성 알기 T: How do you feel when you say hello to your friends or elders? S1: I feel very good. S2: I get compliments from elders or teachers. S3: We become very close with our friends. T: Greeting is very important. Do you agree with me? S: Yes.	10'	
		◆상황이 담긴 안부 그림 카드를 보여 주며 인사하기 T: These are pictures of situations about greeting? S: Yes. T: I'll ask you, and you'll answer my questions. (웃는 얼굴 제시) S: I'm fine, thank you. T: Who would like to answer me? Ok, ______. Stand up, please. (아픈 표정 제시) T: Hi, ______. How are you? S: Not so good. I have a cold. T: That's too bad. T: Who will try next? Ok, ______.		도덕(3-1) 5. 예절바른 우리/바른 인사 예절 알기
		(선생님을 복도에서 여러 번 만났을 때) S: I just bow my head. T: When you meet teacher several times, You don't need to say "hello".		• 선생님을 여러 번 만났을 땐 목례하기 지도

Development	Let's Read Let's Write Let's Play(3)	Next, when you meet a couple of elders, How do you greet them? S: Hello. T: Good job. Don't say "hello" many times. ◆낱말 읽기 1. Look and listen carefully. 2. Let's read −Chair, Classroom, desk, door, name. 3. Do it Yourself. −같은 모양을 연결하여 알맞은 낱말을 만들고, 그 낱말과 그림을 이어보기 ◆알파벳 쓰기 1. Look carefully. −화면을 보며 알파벳의 발음 듣기 −책에 제시된 알파벳을 스스로 읽기 2. Let's Write. −화면을 보면서 알파벳을 손가락으로 공중에 써 보고 순서에 맞게 책에 쓰기 3. Do it Yourself. −□ 안에 알맞은 글자 써 넣기 ◆친척에게 안부 묻기 놀이하기 ①친척에게 생길 수 있는 여러 가지 상황을 적어둔 카드를 만든다. ②가위 바위 보로 이긴 사람이 상황카드를 들고 안부를 물으면 진 사람은 그에 맞는 대답을 한다. T: Make cards that note down various kinds of situations that happen with your relatives. If a person who wins by rock-paper-scissors lifts a situation card and ask a question, a loser answers about safety. S1: Hello, uncle . How are you? S2: Not so good. I have a cold. S1: That's too bad. (안부 묻기가 끝나면 역할을 바꾸어서 해본다.)	10'	• 윗사람을 여러분 만났을 땐 한 번만 인사하기 지도 도덕(4-2) 1. 가깝고 반가운 친척/여러 가지 상황에서 예절바른 말과 행동으로 표현해 보기
Consolidation	Review Saying good-bye	◆'Look and Speak' 다시 복습하기 장면 : (나미가 인사하는 모습) Boys: Hi, my name is Nami. 장면 : (앤이 응답하는 장면) Girls: My name is Ann. ◆끝인사하기 T: Time's up. Bye-bye, class. S: Good bye, Mr. Kim.	5'	

Lesson 1. How Are You?의 4차시는 도덕(3-1), 4. 화목한 우리집, 효도와 우애 실천하기 활동과 연관되어 있다. 효도와 우애는 우리나라 가족공동체에서 중요한 실천 규범이기에 이번 통합 차시에서는 효도를 구체적으로 실천하는 방법을 알아보고, 아침, 저녁 인사드리기와 학교에 돌아와 인사드리기, 심부름하기의 모둠별 역할 놀이를 통해 스스로의 효 생활을 반성하고 실천력을 높일 수 있는 마음의 자세를 기를 수 있도록 통합활동안을 작성하였다.

Lesson 1. How Are You?의 4차시

단 원 명		Lesson 1. How are you?		
단원의 소재 / 제재		이름과 안부 묻고 답하기	차시	4 / 4
학습 목표		1. 역할놀이를 통해 안부와 이름을 묻고 대답할 수 있다. 2. 학습한 내용을 정리하고 실제 상황에서 말할 수 있다.		
교수 학습 자료		컴퓨터, CD-ROM Title, 교과서{영어(5), 도덕(3-1)}		
타 교과의 내용		ㅇ도덕 (3-1) 4. 화목한 우리 집. 효도와 우애 실천하기		
수업 단계	학습의 흐름	교수－학습 활동	시간	타 교과의 내용
Introduction	Greeting Review Introduction of aims	◆인사하기 T: How's everyone? S: Pretty good. Thank you. ◆전시학습 복습하기 (단어를 이야기하면 알맞은 단어 카드 들기) T: Let's review the last lesson. Take out your cards. Now I'll say a word. Please pick up the right card. T: Window! S: (window 낱말 카드를 들어올린다.) ◆학습목표 확인	5'	
Development	How to	◆효 실천 방법 알아보기 T: How do you serve your parents? S1: Greeting my parents. S2: Going on an errand. T: Anything else? S3: Listening to my parents carefully. S4: Studying hard. S5: Helping my parents. T: Wow! There are many kinds of things to do.	20'	

Development	Role play	◆효 생활 역할놀이하기 T: Let's do a role play. There are four situations First, Greeting parents in the morning or at night. Second, Greeting parents after coming back home. Third, Going on an errand. Fourth, Helping parents. So, let's divide the class into 4 groups. Choose one of the situations and create a dialogue and then practice it. Are you ready? S: Yes, we are. (Students create a dialogue and practice) T: Now, It's presentation time. First group come here. Ready, go. S1: Good morning, mom and dad. Good morning, Mina. S2: Good night, mom and dad. Good night, Minsu. T: Great! Second group come up here. Ready, go. S1: Mom, I'm home. S2: Oh, Suji, take a nap. T: Next, third group's turn. Ready, go. S1: Youngsu, will you buy me some eggs? S2: Sure, I'll be back soon. S1: Mom, Here, S2: Thank you. T: Fourth group, your turn. Ready, go. S1: Will you help me carry this desk? S2: Sure, I will. S3: Thank you. S4: Your welcome.		도덕(3-1) 4. 화목한 우리 집 / 효도와 우애 실천하기 • 효 생활과 관련된 역할극하기
	Review	◆배운 것 복습하기 1. 잘 듣고, 알맞은 그림에 ✔표하기. T: Open your book to page 15. Listen carefully and check(tick) the right answer. Let's watch the CD-ROM title. Check your answers, please. 2. 그림에 맞는 낱말을 찾아보기 T: Look at number two. Pick out the word matching the picture.	10'	

		Draw a circle around it. Let's check the answers with the CD-ROM title. 3. 서로 형제처럼 우애 있게 안부를 묻고 대답하기 T: Work in pairs. Who will be a younger brother or older brother? After you decide your roles, do a role-play like brothers. S1: Brother! How are you today? S2: I'm sick. I have a cold. S1: That's too bad. Take care! S2: Ok! How about you? S1: I'm fine.		도덕(3-1) 4. 화목한 우리집 / 효도와 우애 실천하기 • 우애와 관련된 역할극하기
Consolidation	Wrap up Saying good-bye	◆Let's wrap up Lesson 1. T: Who would like to introduce himself to the class? Any volunteer? S1: Hello, I'm ______. ◆끝인사하기 T: Time's up. Bye-bye, class. S: Good bye, Mr. Kim.	5'	

2. Lesson 2. What Day Is It Today?의 통합수업방법

Lesson 2. What Day Is It Today?의 1차시는 바른 생활(2-2), 2. 깨끗한 환경, 환경보호활동과 연관되어 있다. 학교생활에서 오늘이 무슨 요일이며, 오늘 시간표에 들어 있는 교과목이 무엇인가 하는 것은 늘 학생들의 관심의 대상이 된다. 이번 차시에서는 환경 보호활동과 관련하여 오염의 실태를 생각하면서 주변 환경을 깨끗이 하는 것을 직접 실천하는 계획을 세우기 위해 우리학교의 환경 보호의 날과 봉사일, 쓰레기 분리 수거일이 무슨 요일인지를 묻고 답하며, 우리가 실천할 수 있는 환경보전 방법에는 어떤 것들이 있는지 알아보는 내용으로 통합활동안을 구성하였다.

Lesson 2. What Day Is It Today?의 1차시

<table>
<tr><td colspan="2">단 원 명</td><td colspan="3">Lesson 2. What Day Is It Today?</td></tr>
<tr><td colspan="2">단원의 소재 / 제재</td><td>요일</td><td>차시</td><td>1 / 4</td></tr>
<tr><td colspan="2">학습 목표</td><td colspan="3">1. 요일을 묻고 대답하는 말을 듣고 이해하며 말할 수 있다.
2. 환경보호의 날을 묻고 답할 수 있다.</td></tr>
<tr><td colspan="2">교수 학습 자료</td><td colspan="3">컴퓨터, CD-ROM Title, 공, 요일 낱말 카드, 달력, 조별 주머니, 교과서{영어(5), 바른 생활(2-2)}</td></tr>
<tr><td colspan="2">타 교과의 내용</td><td colspan="3">바른 생활 (2-2) 2. 깨끗한 환경. 환경보호활동</td></tr>
<tr><td>수업 단계</td><td>학습의 흐름</td><td>교수-학습 활동</td><td>시간</td><td>타 교과의 내용</td></tr>
<tr><td>Introduction</td><td>Greeting

Motivation

Introduction of aims</td><td>◆인사와 요일 묻기
T: Hello, everyone. How are you?
S: I'm fine. Thanks. How about you?
T: Great. thanks. What day is it today?
S: It's Wednesday.
◆'Days of the week'의 노래를 부르며, 요일을 익히기
◆학습 문제 확인</td><td>7'</td><td>• 요일을 확실히 알도록 지도</td></tr>
<tr><td>Development</td><td>Let's think

Practice</td><td>◆우리학교 '환경보호의 날' 알기
우리 학교 '환경보호활동의 날과 봉사일, 쓰레기 분리수거일이 무슨 요일인지 묻기
T: What day is 'the Environmental Protection Activity Day' in our school?
S: It's Saturday.
T: What day is 'the Service Activity Day' in our school?
S: It's Wednesday.
T: What day is 'the Waste Separate Removal Day' in our school?
S: It's Thursday.
T: You know the day well.
But it's important for us to attend and do it directly.
◆Let's practice.
(교사가 3월 달력을 제시한 후 손으로 짚으며 학생에게 묻기)
T: I'll point to a date. What day is it today?
S: It's Monday.
T: When I say a date, you say the day. When I say a day, you say the date. It's Tuesday.
S: 7th.
T: 4th.
S: It's Monday.</td><td>15'</td><td>바른 생활 (2-2) 2. 깨끗한 환경 / 환경보호활동</td></tr>
</table>

Development		T: What day is Children's Day? S: It's Saturday. T: What day is Christmas? S: It's Friday. T: What day is Parent's Day? S: It's Tuesday. T: What day is Chuseok? S: It's Sunday. T: What day is Mira's birthday? S: It's Monday.	15'	
	How to	◆우리가 실천할 수 있는 환경보전 방법 알기 T: What can we do to protect nature? If you know the answer, raise your hand. S1: Don't throw trash on the ground. T: Anything else? S2; Reuse second handed items. T: Good. What else? S3: Don't throw waste on the sea. T: Good idea. Next S4: Don't use shampoo. T: Good job. Can you try these things? I hope you and I can do these things.		바른 생활 (2-2) 2. 깨끗한 환경 / 환경보호 활동
	Let's play(1)	◆요일 카드 추측하기 놀이하기 T: Look! This is a bag. Put your cards in the bag. One student puts his/her hand in the bag. Choose one and take a guess what day it is. T: Everybody ask her/him 'What day is it today?' Ss: What day is it today? S1: It's Monday. Ss: Oh, it's Tuesday. T: If it's right, you can keep all the cards laid on the desk. If it's wrong, you lay it on the desk. T: The student who collects the most cards wins.		
Consolidation	Review	◆달력 짚으며 질문하고 대답하기 T: What day is it today? S: It's Saturday. T: Joon, when is your birthday? S: It's March 7th. T: What day is your birthday? S: It's Sunday. T: Good. job!	3'	
	Saying good-bye	◆끝인사하기 T: It's a beautiful day. Bye-bye, class. S: Good bye, Mr. Kim.		

Lesson 2. What Day Is It Today?의 2차시는 바른생활(1-1), 1. 알아서 척척, 학습 준비물 스스로 준비하기, 체육(5), 1. 달리기, 배턴을 주고받는 방법을 달리하여 이어달리기와 연관되어 있다.

스스로 준비하기는 자기 스스로 주인이 되어 남의 간섭이나 남의 힘에 의존하기보다는 궁극적으로 자기 힘으로 자기 일을 결정하는 태도를 가지게 되는 출발점을 길러주는 것으로, 이 제재에서는 책가방을 스스로의 힘으로 싸보는 활동과 관련이 있기에 전개부분의 Let's practice에서는 교사가 시간표를 보고 무슨 과목이 들었는지 물어보면 학생은 그에 맞는 대답과 함께 책가방에 책을 넣도록 하는 활동으로 통합하였고, 체육 제재인 이어달리기는 육상 활동의 세부 종목들 중에서 유일한 단체 종목으로 학생들의 협동심과 결속력을 길러줄 수 있는 종목으로 Let's play에서 배턴 주고받기 연습을 한 후 이어달리기를 하면서 동시에 말 전하기 놀이를 할 수 있도록 내용을 통합하였다.

Lesson 2. What Day Is It Today?의 2차시

단 원 명	Lesson 2. What Day Is It Today?		
단원의 소재 / 제재	요일	차시	2 / 4
학습 목표	1. 교과목에 대한 표현을 듣고 이해하며 말할 수 있다. 2. 'What Day Is It Today?' 노래를 즐겁게 부르며 요일을 묻고 대답할 수 있다. 3. 배턴을 주고받으며 이어달리기를 하며, 말 전하기 놀이에 즐겁게 참여할 수 있다.		
교수 학습 자료	컴퓨터, CD-ROM Title, 교과서{영어(5), 바른 생활(1-1), 체육(5)}, 달력		
타 교과의 내용	바른 생활 (1-1) 1.알아서 척척. 학습준비물 스스로 준비하기 체육 (5) 1.달리기. 배턴을 주고받는 방법을 달리하여 이어달리기		

수업 단계	학습의 흐름	교수－학습 활동	시간	타 교과의 내용
Introduction	Warm up	◆요일 맞추며 시작하기 교사가 달력을 보여주며 하나의 요일을 정한 뒤, 학생들에게 추측하여 요일을 맞추도록 한다. T: I'll choose a day. Take a guess what day it is. Now, let's begin.(잠시 후) Ok, Now, ask me some questions. S: Is it Monday? T: No. S: Is it Tuesday? T: Yes, it is.	5'	
	Introduction of aims	◆학습 문제 확인		
Development	Let's learn	◆교과목 알기 T: Do you know about subjects? S: Yes, English. T: Your're right. And we have many subjects. Now, Let's find out. Korean. Repeat after me. S: Korean. T: Math and science. Repeat after me. S: Math and science. T: Socials studies. S: Socials studies. T: Ethics. S: Ethics. T: Music and art. S: Music and art. T: Physical education(PE). S: Physical education(PE). T: Practice with your partner. I'll give you 5 minutes. S: OK.	10'	• 다 알면 더 좋겠지만, 구분할 수 있는 정도가 되면 학습된 걸로 간주함 (국어, 영어, 수학, 음악은 필수)
	Practice	◆Let's practice. 책가방 정리하기 활동하기, 교사가 시간표를 보고 무슨 과목이 들었는지 물어보면 학생은 그에 맞는 대답과 함께 책가방에 책을 넣는다. T: What day is it today? S: It's Thursday. T: What school subjects do you have today? S: English, math, music and Korean. T: Let's do 'Flying Swatter'.		바른 생활 (1-1) 1.알아서 척척 / 학습준비물 스스로 준비하기

Development		If I say a sentence, slap the right card. I have English class today. S1: (English 카드를 친다.) T: I don't have music class today. S1: (기다린다.) T: Now, let's practice in pairs. Put your cards on your desk.		
	Let's Sing	◆What Day Is It today? 노래 부르기 T: Let's sing one part at a time. S: (한 줄씩 따라 부르며 노래 부르기) T: Let's sing with the screen. T: I'll show you a card, let's sing the song switching the days.	5'	• 분산학습으로 익히기
	Let's Play(2)	◆배턴을 주고받으며 말 전하기 놀이하기 –배턴 주고받는 손을 다르게 하여 달리는 연습하기 –받을 때의 자세를 달리하여 연습하기 –배턴 연습이 끝난 후에 모둠을 나누어 달릴 수 있는 거리를 유지하며 릴레이로 말 전하기 놀이하기 T: It's time for a game. This time, let's do the 'Whispering Game'. First, I'll tell you how to play. Team A, team B, come up here. Stand in two lines facing the black board. I'll whisper a sentence to the first student in each line. Then, whisper it to the next student. T: (S1에게) I have English class on Monday. S: Last student attach the right picture (write the right subject) to the right day(place).	17'	체육(5), 1. 달리기 / 배턴을 주고받는 방법을 달리하여 이어달리기
Consolidation	Review	◆배운 내용 복습하기 T: Do you have English class today? S: Yes, we do. T: Yes, we had English class today.	3'	
	Saying good-bye	◆끝인사하기 T: Time's up. Bye-bye, class. S: Good bye, Mr. Kim.		

Lesson 2. What Day Is It Today?의 3차시는 수학(2-1), 7. 시간 알아보기, 달력을 알아봅시다, 도덕(3-2), 1. 약속과 규칙, 약속과 규칙 지키기 실천하기와 연관되어 있다. 달력 알아보기 제재와 관련한 활

동으로는 전개의 Play부분에서 학생들에게 달력을 잠시 보여준 후, 달력의 날짜를 말하면 그것이 무슨 요일인지 기억해내는 달력 기억하기놀이를 접목시켰으며, 약속과 규칙 지키기 실천하기에서는 일상생활 속에서 여러 가지 약속을 하게 되는데 이를 지키기 위해 필요한 것들을 놀이를 통해 실천하는 연습을 할 수 있도록 관련지었다. 또한 이 활동과 관련하여 날짜별로 계획을 세우기 위해 노트에 영어로 요일과 지켜야 할 약속을 적어보고 실천할 수 있도록 안내하였다.

■ Lesson 2. What Day Is It Today?의 3차시 ■

<table>
<tr><td colspan="2">단 원 명</td><td colspan="3">Lesson 2. What Day Is It Today?</td></tr>
<tr><td colspan="2">단원의 소재 / 제재</td><td>요일</td><td>차시</td><td>3 / 4</td></tr>
<tr><td colspan="2">학습 목표</td><td colspan="3">1. 의미를 이해하며 요일에 관한 낱말을 찾고, 읽을 수 있다.
2. 알파벳 'Ff~Jj'의 대·소문자를 구별하여 쓸 수 있다.
3. 기억하기놀이와 요일계획 세우기를 하면서 요일을 묻고 대답할 수 있다.</td></tr>
<tr><td colspan="2">교수 학습 자료</td><td colspan="3">컴퓨터, CD-ROM Title, 교과서(영어(5), 수학(2-1), 도덕(3-2)</td></tr>
<tr><td colspan="2">타 교과의 내용</td><td colspan="3">수학 (2-1) 7. 시간 알아보기. 달력을 알아봅시다.
도덕 (3-2) 1. 약속과 규칙. 약속과 규칙 지키기 실천하기</td></tr>
<tr><td>수업 단계</td><td>학습의 흐름</td><td>교수-학습 활동</td><td>시간</td><td>타 교과의 내용</td></tr>
<tr><td>Introduction</td><td>Greeting

Review

Introduction of aims</td><td>◆주말 지낸 이야기 묻기
T: Did you have a nice weekend?
S: Yes, I did.
T: What did you do, ?
S: I Went to the beach.
T: Sounds great!
S: Thank you.
◆지난 시간에 배운 노래를 다시 부르기
T: We learned a song last week.
Do you remember it? Let's sing the song 'What Day Is It Today?'
S: 노래 부르기
◆학습 문제 확인</td><td>5'</td><td></td></tr>
</table>

Development	Let's Play(3)	◆달력 기억하기 놀이하기 T: Now, let's do the 'Memory Game'. I'll show you how to play the game. (학생들에게 달력을 잠시 보여준 후 달력의 날짜를 말하면 그것이 무슨 요일인지 기억해 내는 놀이) First, I'll show you a calendar and hide it. Then I'll tell you a date on the calendar. You have to find out what day the number is. T: I'll choose a date 17th. Now, try to guess what day it is. S1: Wednesday. T: Good guess! What day is it today ? S1: It's Wednesday. T: Good job!	20'	수학(2-1), 7. 시간 알아보기/달력을 알아봅시다.
	Let's Read	◆읽어보기 T: Listen carefully and repeat after the screen. S: 따라 읽기 T: Now, listen to the words and point to the matching pictures on your book. S: 들리는 낱말 손가락으로 짚기 T: Now, read the words by yourselves. Read aloud, please. S: Sunday, Monday, Tuesday, Wednesday. S: (화면 보며 각자 소리 내어 읽기) T: Good job! －Do it yourself. T: Look at your book on page 20. Can you see the alphabet line? Pick out words in the alphabet line and draw a circle around the right word. S: (낱말을 찾아 동그라미로 묶기) T: Good try.		
	Let's Write	◆써보기 T: Let's write the letter with our fingers in the air. S: 손가락으로 공중에 써 보기 T: Fish S: F/f를 공중에 쓰기 T: Trace the letter on your book. S: (알파벳을 쓰는 순서에 맞게 책에 써 보기) －Do it yourself. (선을 따라 알맞은 알파벳 짝을 써보기) T: Let's fill in the blanks with the right letters. Are you finished? S: Yes. T: What's missing in the first blank?		

Development	Activity	S: Small i T: Very good. Let's check your answers. ◆날짜별 계획 세우기 노트에 영어로 요일과 지켜야 할 약속을 적고 지키도록 노력하기 T: This time, You make a chart of your duty. Write the timetable in English and write the duty in that day.	10'	도덕(3-2), 1. 약속과 규칙 / 약속과 규칙 지키기 실천하기

Mon	Tue	Wed	Thu	Fri	Sat	Sun
Study English	Play soccer	Meet friend	Play the piano	Do my home work	Read book	Go to church

Consolidation	Review Home work Saying good-bye	◆복습하기－어제와 내일 알기 T: What day is it yesterday? S: (It was) Sunday. T: What day is it tomorrow? S: (It will be) Tuesday. ◆요일별 계획 매일 실천하는지 확인하기 T: Check your weekly chart everyday. S: OK. ◆끝인사하기 T: Let's call it a day. Bye-bye, class. S: Good bye, Mrs. Kim.	5'	• 꾸준히 실천한 학생에겐 보상해주기

Lesson 2. What Day Is It Today?의 4차시는 슬기로운 생활(1-1), 3. 나의 하루생활, 하루생활과 관련된 차시이다. 하루 동안 시간이 지남에 따라 주위 환경이 변하고 이에 따라 우리의 생활도 변한다는 것을 관찰을 통하여 알도록 하는데 목적이 있으므로, 시간의 변화에 따른 우리의 생활 모습을 묻고 대답함으로써 의사소통 능력을 기를 수 있도록 활동안을 작성하였다.

Lesson 2. What Day Is It Today?의 4차시

단 원 명	Lesson 2. What Day Is It Today?		
단원의 소재 / 제재	요일	차시	4 / 4
학습 목표	1. 요일 추측하기 활동을 통해 요일과 교과목에 대한 표현을 묻고 대답할 수 있다. 2. 시간에 따른 하루 생활의 모습을 정리하여 발표할 수 있다.		

교수 학습 자료	컴퓨터, CD-ROM Title, 교과서{영어(5), 슬기로운 생활(1-1)}			
타 교과의 내용	슬기로운 생활 (1-1)　　3. 나의 하루생활. 하루생활			
수업 단계	**학습의 흐름**	**교수-학습 활동**	**시간**	**타 교과의 내용**
Introduction	Greeting	◆아침에 한 일 물어보기 T: Good morning, everyone. What did you do this morning? S: I ate breakfast. T: Good.	5'	
	Review	◆칠판에 요일의 첫 글자 쓰고 알아맞히기 T: (칠판에 'T'를 쓰고) What day is it today? S: Thursday! T; (칠판에 'W'를 쓰고) S: It's Wednesday.		
	Introduction of aims	◆학습 문제 확인		
Development	Let's learn	◆시간에 따라 하는 일 알기 T: In the morning, What do you do? S1: I wash my face. S2: I have breakfast. S3; I go to school. T: In the afternoon, What do you do? S4: I study at school. S5: I play with my friends S6: I go back home. T: In the evening, What do you do? S7: I do my homework. S8: I have dinner. S9: I go to bed. T: Practice these sentence in pairs. S: (They practice.) T: Good. Now, make your schedule according to the day. S: Students make their schedule. T: It's time to present. Who goes first? S: Students present their own schedule according to the day. T: According to the time, people live differently.	30'	슬기로운 생활(1-1), 3.나의 하루생활 / 하루생활 • 시간에 따라 사람들의 하는 일이 다름을 강조하기
	Review	1. 잘 듣고, 시간표의 빈 칸에 알맞은 과목 써넣기. T: Open your book to page 23. Look at question number one. Listen carefully and write the school subject in the blanks of the days.(CD-ROM타이틀로 문제 제시)		

Development	Activity	T: Let's check the answers with the CD-ROM title. S: 화면을 보며 정답 확인. 2. 그림과 낱말이 모두 맞게 짝지어진 것을 찾아 보기. T: Look at the second question. T: Write the number that matches the right day of calendar each other. S: 각자 교과서에 답을 쓰기 T: Let's check the answers. ◆시간표를 보며 요일과 과목에 대해 묻고 하루 일과 말하기 T: Ask and answer what day it is today with your partner. S1: What day is it today? S2: It's Tuesday. T: This time, let's talk about today's plan. S1: I have English class today. S2: I don't have English class today. S3: Do you have English class today? S4: No, I don't. I have Korean class today. S1: What are you doing after school. S2: I'll study English. S3: I'll watch TV.	30'	슬기로운 생활(1-1), 3.나의 하루생활 / 하루생활
Consolidation	Wrap up	◆배운 내용 복습하기 T: I'll ask some question and you answer me. What day is it today? S: It's Monday. T: What day is Children's Day? S: Sunday. T: Why don't you tell me about our class schedule? Any volunteers? S: We have music class today. T: Excellent!	5'	
	Preview	◆차시예고 We are going to move on to the next lesson, We will learn lesson 3. Please listen to the CD-ROM title.		
	Saying good-bye	◆끝인사하기 T: All right. Time's up. Have a nice day. Bye, everyone. S: Good bye, Mrs. Kim.		

3. Lesson 3. It's Under the Table.의 통합수업방법

Lesson 3. It's Under the Table.의 1차시는 즐거운 생활(2-1), 3. 꼭꼭 숨어라, 보물찾기를 전개의 Play에서 학생마다 자신의 물건을 교실에 숨겨두고 마임으로 위치를 표현하면 다른 학생들은 마임을 보고 그 위치를 찾아서 말하는 활동으로, 3단원 1차시의 학습 목표 도달을 위해 사물의 위치를 묻고 대답하는 말을 듣고 이해하며 말할 수 있도록 즐거운 생활과 통합한 영어수업 지도안을 작성하였다.

[표 31] 즐거운 생활의 내용을 이용한 초등영어 통합학습 수업지도안 (Lesson 3. It's Under the Table.의 1차시)

<table>
<tr><th colspan="2">단 원 명</th><th colspan="3">Lesson 3. It's Under the Table.</th></tr>
<tr><td colspan="2">단원의 소재 / 제재</td><td>사물의 위치 묻고 답하기</td><td>차시</td><td>1 / 4</td></tr>
<tr><td colspan="2">학습 목표</td><td colspan="3">사물의 위치를 묻고 대답하는 말을 듣고 이해하며 말할 수 있다.</td></tr>
<tr><td colspan="2">교수 학습 자료</td><td colspan="3">컴퓨터, CD-ROM Title, 연필, 지우개, 필통, 보자기, 시계, 상자, 교과서(영어(5), 즐거운 생활(2-1)</td></tr>
<tr><td colspan="2">타 교과의 내용</td><td colspan="3">즐거운 생활 (2-1) 3. 꼭꼭 숨어라 보물찾기</td></tr>
<tr><td>수업단계</td><td>학습의 흐름</td><td>교수-학습 활동</td><td>시간</td><td>타 교과의 내용</td></tr>
<tr><td>Introduction</td><td>Greeting

Motivation

Introduction of aims</td><td>◆간단한 인사말하기
T: Hello, everyone.
-Hello, Mr. Kang.
T: How are you today?
-I'm fine, thank you. How are you?
T: Great, thank you.
◆10고개 게임하기
-There is something in the box.
Can you guess what it is?
-Yes.
-I will give you a hint. When you write the letter wrong, we use this. What's this in the box.
(in 강조)
-It's an eraser.
-Excellent. It's a present for you.
◆학습 문제 확인
Today we're going to learn, 'Where is …?, It's in, on, under……'.</td><td>5'</td><td></td></tr>
</table>

Development	Look and think	◆교과서 그림 보며 내용 상상하기 T: Look at the picture on page 24. Who do you see? -(그림을 보고 대답한다.) T: Take a guess. What's the picture about? -Saying what they guess		
	Look and listen	◆CD-ROM Title의 대화 듣기 T: Let me show you the dialog without sound. Try to guess what the story is about. -Listening and guessing the story T: Can you guess what they are talking about? -Answering T: Let's look and listen to the dialog again. Focus on the story first. T: Who are the characters? -Nami, Namsu, Nami's mom, Nami's dad. T: What happened? -아침 시간에 물건을 찾느라고 한바탕 소동이 일어났어요. T: What was Nami looking for? -She's looking for a pencil case. T: Nami's father was looking for something. What was it? -It was a watch. T: Where was the watch? -TV 위에 있었습니다.	30'	
	Listen and repeat	◆대화 듣고 따라 하기 1. Listen carefully. T: Look and listen carefully. (CD-ROM title로 대화 제시) 2. Listen and repeat. T: Listen carefully and repeat. (CD-ROM title 화면에서 대화의 번호를 선택하여 들려주고 따라 말하기) 3. Let's practice. (교사의 지시에 물건 빨리 배치하기) T: Put your pencil in the book/pencil case. Put your pencil on the book/pencil case. Put your pencil under the book/pencil case. (물건 배치 후, 교사를 따라 말하기)		

<table>
<tr><td rowspan="2">Development</td><td></td><td>T: It's on/under/in the ______.
S: It's on/under/in the ______.</td><td rowspan="2">30'</td><td rowspan="2">✪즐거운 생활 (2-1) 3. 꼭꼭 숨어라, 보물 찾기</td></tr>
<tr><td>Play</td><td>◆보물찾기 놀이하기
T: Let's play 'Treasure Hunt'. A student hides a treasure in the classroom. The student expresses the position of the treasure in mime.
Other students watch the mime and find out the position of the treasure. A student who finds the treasure first has it.(교실에 보물을 숨겨둔 후 찾게 한다.)
S1: Where's the pencil?
Ss: It's in/on/under the table.</td></tr>
<tr><td rowspan="2">Consolidation</td><td>Review</td><td>◆짝 활동으로 사물의 위치 묻고 답하기
−Where is the watch?
−It's on the table.</td><td rowspan="2">5'</td><td rowspan="2"></td></tr>
<tr><td>Saying good-bye</td><td>◆끝인사하기
−Time's up. Good-bye, everyone.
−Bye-bye, Mr. Kang.</td></tr>
</table>

Lesson 3. It's Under the Table.의 2차시는 실과(5), 2. 깨끗한 생활환경, (1)책상과 옷장 정리하기, 물건을 보관하는 장소 알기, 사회(4-1), 1. 우리 시도의 모습(선택학습), 주어진 지도에서 보물찾기, 즐거운 생활(2-1), 꼭꼭 숨어라, 보물찾기를 도입단계에서 책상, 옷장 그림과 물건 그림을 준비하여 칠판에 붙여 놓고 어디에 놓을지 물어보고 전개의 Play에서는 마을지도에 물건의 숨은 그림을 그리고 칠판에 붙여 물건의 위치를 말하는 게임으로 통합한 영어수업 지도안을 작성하였다.

Lesson 3. It's Under the Table.의 2차시

<table>
<tr><th>단 원 명</th><th colspan="3">Lesson 3. It's Under the Table.</th></tr>
<tr><td>단원의 소재 / 제재</td><td>사물의 위치 묻고 답하기</td><td>차시</td><td>2 / 4</td></tr>
<tr><td>학습 목표</td><td colspan="3">1. 다양한 사물의 위치를 묻고 대답하는 말을 할 수 있다.
2. 챈트하며 사물의 위치를 묻고 대답하는 말을 할 수 있다.
3. 숨은 물건 찾기 놀이에 즐겁게 참여할 수 있다.</td></tr>
</table>

교수 학습 자료		컴퓨터, CD-ROM Title, 교과서 영어(5), 실과(5), 사회(4-1), 즐거운 생활(2-1)		
타 교과의 내용		실과 (5). 2.깨끗한 생활환경. 책상과 옷장 정리하기 사회 (4-1). 1.우리 시도의 모습. 주어진 지도에서 보물찾기 즐거운 생활 (2-1). 꼭꼭 숨어라. 보물찾기		
수업 단계	학습의 흐름	교수-학습 활동	시간	타 교과의 내용
Introduction	Greeting Motivation Introduction of aims	◆물건을 보관하는 장소 말하기 (책상, 옷장 그림과 물건 그림을 준비하여 칠판에 붙여 놓고 어디에 놓을지 물어본다.) T: (연필통을 그림) Where should we put this pencil case? S: put it on the desk. T: Very good.(공 그림) Then, where should we put the ball now? S: put it under the desk. T: (옷 그림) Where should we put the cloth? S: put it in the clothes chest. T: Good job! you remembered very well. ◆학습목표 제시 Let's do a chant and play a game. Let's practice what we learned last time.	5'	실과(5) 2. 깨끗한 생활 환경. (1)책상과 옷장 정리하기. 물건을 보관하는 장소 알기
Development	Look and speak	◆Look and Think T: Open your book to page 26. T: Look at the picture. Who do you see? Ss: It's Nami and Nami's mom T: Very good. Now, take a guess. What's the picture about? T: Good guess! ◆Look and Speak 1 T: We have two dialogs today. Listen to Dialog A first. (Teacher presents Dialog A on the CD-ROM.) T: Did you understand the story? Who did you see? S: Nami and Nami's mom T: What happened? S: Nami was late for school in the morning. She was looking for her pencil case, her mother helped her find it. T: Good understanding.	30'	

Development		◆ Look and Speak 2 T: Now, listen to Dialog B. (Teacher presents Dialog B on the CD-ROM.) T: Could you follow the story? When did it happen? S: At noon. T: Did Joon have Bill's lunch? S: No. T: Then, where was the lunch box? S: It's was under the bag. T: Whose bag was it? S: It was Joon's T: That's right. It was Joon's bag. Joon just hid Bill's lunch to tease him. Ok. Now, let's move on to 'Listen and Repeat'		
	Listen and repeat	◆Listen carefully and repeat T: Look and listen carefully. (Teacher presents the short dialogs on the CD-ROM.) T: This time, listen carefully and repeat.(The teacher asks the students to repeat after the short dialog by clicking on the appropriate buttons one by one on the CD-ROM.) T: Listen and repeat again. (Have the students practice the phrases repeatedly until they understand and can repeat easily.)	30'	
	Let's Practice	◆Let's Practice. T: I'll give you a paper and you draw a table/box/TV/bag/pencilcase/ball/pencil/ruler and so on. T: In your picture, where is the pencil? S: It's on the table. T: This time, do it with your partner. S1: Where is the ball? S2: It's in the bag.		
	Let's Chant	◆ 챈트하기 1. Listen to the chant. T: Watch the screen and listen carefully. (CD-ROM title로 챈트 들려주기) T: Listen again tapping on your desk to the rhythm. S: (손가락으로 리듬 맞추며 듣기) T: Let's chant the whole thing.		

Development		S: 전체를 챈트하기 T: Boys, chant the question part. Girls, chant the answer part. S: (남학생은 묻는 부분, 여학생은 대답하는 부분 챈트하기) T: Now, switch roles. S: (역할 바꾸어 챈트하기)	30'	
	Let's Play(2)	◆숨은 그림의 보물찾기 놀이하기 (마을지도에 물건의 숨은 그림을 그리고 칠판에 붙여 물건의 위치를 말하는 게임) T: How about a game? This time, let's have fun playing the 'Hide & Seek Game'. T: Let me show you how to play the game. Look carefully. T: I'll show you a map. (마을지도를 보여주며)What's this? Ss: It's a map. T: There are many treasures in the map. Please find out where they are. T: Where is a pencil? Ss: It's in the school. T: Now, let's make four teams and the first group comes to me, then finds out where is the item I am saying. T: The team who finds the most treasures will be the winner. T: Where is the car? S1: It's under the bridge.		✪사회(4-1). 1.우리 시도의 모습(선택학습). 주어진 지도에서 보물찾기 ✪즐거운 생활(2-1). 꼭꼭 숨어라. 보물찾기
Consolidation	Review	◆배운 내용 복습하기 T: Let's review today's lesson let's do the chant again. S: (챈트하기) T: Let's change some words of the chant. Chant 'bag' instead of 'watch'. And 'ball' instead of 'bat'.	5'	
	Saying good-bye	◆끝인사하기 T: Time's up. Bye-bye, class. S: Good bye, Mr. Kang.		

Lesson 3. It's Under the Table.의 3차시는 과학(5-1). 9. 작은 생물. 우리주위의 작은 생물 관찰하기를 전개단계의 Play에서 우리주위의 작은 생물을 그림으로 그려 나타내보고 그 그림의 동물의 위치를 원판놀이를 활용해 물어보는 활동으로 통합한 영어수업 지도안을 작성하였다.

Lesson 3. It's Under the Table.의 3차시

단 원 명		Lesson 3. It's Under the Table.		
단원의 소재 / 제재		사물의 위치 묻고 답하기	차시	3 / 4
학습 목표		1. 의미를 이해하며 낱말을 읽을 수 있다. 2. 알파벳 Kk~Oo의 대·소문자를 구별하여 쓸 수 있다. 3. 원판놀이에 즐겁게 참여할 수 있다.		
교수 학습 자료		컴퓨터, CD-ROM Title, 교과서 영어(5), 과학(5-1)		
타 교과의 내용		과학 (5-1). 9. 작은 생물. 우리주위의 작은 생물 관찰하기		
수업 단계	학습의 흐름	교수-학습 활동	시간	타 교과의 내용
Introduction	Greeting Motivation Introduction of aims	◆챈트하며 시작하기 T: Can you remember the chant that we learned last time? S: Yes. T: Very good. Let's do the chant together. (CD-ROM title로 챈트 재생하기) S: 다 함께 챈트하기 T: Boys, chant the question part. Girls, chant the answer part. Ready? Go! S: 남학생은 묻는 부분, 여학생은 대답하는 부분 챈트하기) T: Let's switch roles. S: 역할 바꿔 챈트하기 T: Today, we're going to learn how to read some words and write some letters. ◆학습목표 제시 Today, we're going to read some new words and write some more letters.	5'	

Development	Look and Listen Again	◆Look and Listen again (Present the first period dialogue on the CD-ROM again) T: Look and listen to the dialog again. T: Let me stop for a moment. Look at the screen. What is the conversation about? Can you tell me? S1: Where's my pencil case? It's under the table. T: Good job! Let's say it all together. S: Where's my pencil case? It's under the table. T: (View the remaining scenes clicking the play button.)What is dad looking for? S: His watch. T: What does he say when he's looking for his watch? S; Where's my watch? T: Where is his watch? S2: It's on the table. T: Is it on the table? Have another try. S2: It's on the TV. T: That's it.		
	Let's Read	◆읽어보기 1. **Look and listen carefully.** (Present 'Word Reading' on the CD-ROM.) T: Open your book to page 28. Do you see the words with pictures? Can you read them? S: Yes. T: Let's learn how to read them. Watch the screen and listen carefully. S: Students listen to the pronunciation of the words watching the screen. 2. **Let's read.** T: This time, listen carefully and read after the sound. S: Repeat watching the screen. (Present the word cards on the chalkboard and give a number to each card.) T: Now, let me give a number to each card. I say a word, you say the number matching it. S: (Students listen to the words that the teacher says and say the matching number.) T: Box. S: Number 1.	30'	

Development		T: In. S: Number 3. T: Good job! Let's switch roles. I say a number, you say the word matching it. S: (Read the word matching the number that the teacher says.) T: Number 4. S: On. T: Number 2. S: Table. T: Well done! This time, read the words out loud by yourselves. S: (Read the words out loud by themselves.) T: Excellent. 3. **Do it your self.** (Connect the alphabet letters and make the words of the pictures. After that, connect the pictures with the right prepositions.) T: Look at your book, There is a fun game. Do you see the pictures? Connect the letters. Make the words of the pictures. After that, connect the last letters with the right words on the right side. Can you do that? S: Sure. T: Good. Let's try it. T: Have you done it? S: Yes. T: Let's check the answers with the CD-ROM title.	30'	
	Let's Write	1. **Look carefully.** T: Now, look at the top part on page 29. What do you see? Yes, some letters. Can you read them? S: (Students say the letters in the book.) T: Watch the screen to learn how to write them. (Present the alphabet writing order on the CD-ROM.) 2. **Let's write.** T: Write the letters with your pointer in the air. S: (Students write the words in the air with a finger.) T: Now, copy the letters. S: (Copy the alphabet letters above the pictures.)		

Development		3. **Do it yourself.** Follow the lines and write the capital letters or lower case letters. T: Look at the ladder game in your book. Follow the lines. Write the capital letter or lower case letter. S: (Write them to each book.) T: Are you done? S: Yes. T: Very Good. If you did it well, you can see a word. What is it? S; Lion. T: Super! Write the word in the box. Now, let's check the answer. (Present the answers on the CD-ROM.)		
	Let's Play(3)	◆원판놀이 해 보기 ①우리주변에서 볼 수 있는 작은 생물들을 종이 위에 4가지 그려본다. ②교과서 147쪽의 자료의 가운데 있는 단어 대신에 그림을 그린 동물의 위치를 물어본다. ③클립이 가리키는 데로 위치를 말한다. T: Shall we play a game now? This time, let's play 'Flick the Clip Game'. I'll tell you how to play the game. Listen carefully. T: First, let's draw some creatures on the paper. And then you use these pictures instead of the words in the center of the circle on page 147. T: Make pairs by doing 'rock-paper-scissors' with your partner. T: Winners, flick the clip with your fingers. When the clip stops on the circle board, the loser ask a question to the winner, looking at the position of the clip. S1: Where is the frog/ant/rat? S2: It's on the book. T: If you say it correctly, you can paste your sticker or sign your name there. T: If your sticker or name is on the circle board when your clip stops, you will miss the chance to get your sticker. T: The person who has the most stickers will be the winner.	30'	✪과학(5-1). 9. 작은 생물. 우리주위의 작은 생물 관찰하기

Consolidation	Review	◆배운 내용 복습하기 T: Let's review today's lesson. Can you read these words? S: Box, in, on, pencil case, table, under. T: Good job! Now, listen and write the letter in the air. S: (Students write the letter in the air.)	5'	
	Saying good-bye	◆끝인사하기 T: Time's up. Bye-bye, class. S: Good bye, Mr. Kang.		

Lesson 3. It's Under the Table.의 4차시는 사회(5-1), 1. 우리나라의 자연 환경과 생활, (2) 자연 환경을 이용한 생활, 두 초가집의 차이와 그 까닭 알기, 슬기로운 생활(1-2), 5. 1학년 마무리, (1) 정리하기, 교실 안의 물건 정리하기를 전개의 처음부분에서 서로 다른 초가집의 그림을 나누어 주고 서로 다른 점을 찾고 책의 그림에는 서로가 원하는 물건의 그림을 놓고 서로 다르게 놓은 물건의 위치를 알아내기 활동을 하고 정리단계에서는 교사가 물건을 어디에 놓을 것인지 물어보면 학생들은 자신의 물건들을 놓을 위치를 말하며 정리하는 활동으로 통합한 영어수업 지도안을 작성하였다.

Lesson 3. It's Under the Table.의 4차시

단 원 명	Lesson 3. It's Under the Table.		
단원의 소재 / 제재	사물의 위치 묻고 답하기	차시	4 / 4
학습 목표	1. 서로 다른 점 찾기 활동을 하며 사물의 위치를 묻고 대답하는 말을 잘 할 수 있다. 2. 단원 학습 내용을 정리하고 실제 상황에서 말할 수 있다.		
교수 학습 자료	컴퓨터, CD-ROM Title, 교과서 영어(5), 사회(5-1), 슬기로운 생활(1-2)		
타 교과의 내용	사회(5-1). 1.우리나라의 자연 환경과 생활 두 초가집의 차이와 그 까닭 알기 슬기로운 생활 (1-2). 5. 1학년 마무리. (1)정리하기		

수업 단계	학습의 흐름	교수-학습 활동	시간	타 교과의 내용
Introduction	Greeting Motivation	◆전시학습 내용 복습하기 T: (낱말카드를 보여 주며) Let's read these words. S: 낱말을 소리 내어 읽기 T: Very good.	5'	
	Introduction of aims	◆학습목표 제시 Today, we're going to review what we've learned in Lesson 3.		
Development	Activity	◆서로 다른 점 찾기 활동하기 (서로 다른 초가집의 그림을 나누어 주고 서로 다른 점을 찾고 책의 그림에는 서로가 원하는 물건의 그림을 놓고 서로 다르게 놓은 물건의 위치를 알아내기) T: Let's do 'Find the Differences'. Let me show you how to do it. Look and listen carefully. T: Work in pairs. I'll give you some house pictures and word cards. And you attach one word card to one room picture in your book on page 30. Then, try to find what are the differences between the two houses and tell each other where things are in the room picture. S1: The first house has some lopes on the roof. S2: The second house has many lopes on the roof. T: Because the wind speed in each province is different. S1: My bag is under the table. My bat is on the table. My pencil is in the pencil case. S2: (같은 방법으로 찾아보기)	30'	✪사회(5-1). 1. 우리나라의 자연 환경과 생활. (2) 자연 환경을 이용한 생활. 두 초가집의 차이와 그 까닭 알기
	Review	◆복습하기 1. Listen carefully and place a check mark in front of the correct object. T: Look at page 31. Look at question number one. Listen carefully and connect the objects with the right place.(The teacher gives the question on the CD-ROM title.) S: Mark the right answers in their books. T: Let's check the answers. (Check the answers looking at the screen)		

Development		2. Let's mark '○' on the right word with the picture and connect each other. T: Look at question number two. Do you see a grid and pictures? Some words are hidden in that grid. Find the hidden words. Circle them and connect them to the right pictures. Do you understand? S: Yes. T: Good. Let's try it. S: Find the hidden words and connect them to the right pictures. T: Have you finished? S: Yes. T: Let's check the answers. (Students check the answers by themselves clicking 'ⓐ' in a CD-ROM title.) 3. Let's have a conversation with your partner according to the situation in the picture. T: Look at question number three. Do you see the pictures? What's happening in them? S: (Describe the situation in the picture) T: Good! What do you say in that situation? Make a dialog with your partner. S: Make a conversation with their partner.	30'	
Consolidation	Wrap-up Saying good-bye	◆교실 안의 물건 정리하기 T: It's time to wrap up Lesson 3. (학생들의 물건을 들도록 하며) Where should we put the pencil/ruller/book/notebook? S: Put under/on/in the table(desk/bag). ◆끝인사하기 T: Time's up. Bye-bye, class. S: Good bye, Mr. Kang.	5'	✪슬기로운 생활(1-2) 5. 1학년 마무리. (1) 정리하기. 교실 안의 물건 정리하기.

4. Lesson 4. What a Nice Day!의 통합수업방법

Lesson 4. What a Nice Day!의 1차시는 사회(4-2), 1. 문화재와 박물관, (2) 박물관 견학과 문화재 답사, 우리의 세계 문화유산, 미술(4), 12. 우리나라 미술품, 우리나라 미술품 감상하고 느낌 표현하기를 전개의 Play에서 두 사람이 짝이 되어 문화재 카드를 펼쳐놓고 교사가 문화재에 대한 문장을 말하면 빨리 카드를 집고 그에 맞는 감탄사를 바르게 말하도록 하는 활동과 정리단계에서 문화재 사진을 보여주고 감탄사를 말하면서 정리하는 활동으로 통합한 영어수업 지도안을 작성하였다.

Lesson 4. What a Nice Day!의 1차시

<table>
<tr><td colspan="2">단 원 명</td><td colspan="3">Lesson 4. What a Nice Day!</td></tr>
<tr><td colspan="2">단원의 소재 / 제재</td><td>감탄하기와 사물 묘사하기</td><td>차시</td><td>1 / 4</td></tr>
<tr><td colspan="2">학습 목표</td><td colspan="3">감탄하는 말과 사물을 묘사하는 말을 듣고 이해하며 말할 수 있다.</td></tr>
<tr><td colspan="2">교수 학습 자료</td><td colspan="3">컴퓨터, CD-ROM Title, 그림카드, 문화재·미술품 사진
교과서(영어(5), 사회(4-2), 미술(4)</td></tr>
<tr><td colspan="2">타 교과의 내용</td><td colspan="3">사회 (4-2) 1.문화재와 박물관 (2)박물관 견학과 문화재 답사 우리의 세계 문화유산
미술 (4) 12. 우리나라 미술품.
우리나라 미술품 감상하고 느낌 표현하기</td></tr>
<tr><td>수업 단계</td><td>학습의 흐름</td><td>교수－학습 활동</td><td>시간</td><td>타 교과의 내용</td></tr>
<tr><td>Introduction</td><td>Greeting

Motivation

Introduction of aims</td><td>◆간단한 인사와 날씨 인사 나누기
－Hi, class.
－Hello. Mr. Kang.
－How's the weather today?
－It's sunny.
◆문화재·미술품 사진 보며 묻고 답하기
－What's this?(사진을 보여주며)
－It's Namdaemun.
－What do you think of Namdaemun?
－It's very tall and beautiful.
◆학습 문제 확인
Today, We are going to learn about exclamatory and descriptive sentences.</td><td>5'</td><td></td></tr>
</table>

Development	Look and think	◆대화 보고 듣기 1. **Look at the picture.** T: Open your book to page 32. (After looking at the picture in the book have the students guess what they are going to learn.) Look at the picture. Who do you see? Ss: (Students look at the picture and answer the question.) T: Very good. take a guess. What's the picture about? S: Students report their guess. T: Good guess!	30'	
	Look and listen	2. **Let's listen to the dialog.** T: Listen to the dialog. Focus on the story first. (Show them the dialog on the CD-ROM.) T: Who do you see? S: Jinho, Bill, Peter…. T: Where are they? S: In Namsan. T: There is something very tall in Mt. Namsan. What is it? S: It's Seoul Tower. T: Good! Is the weather good? S: Yes. It's sunny. T: What did the foreign woman ask Jinho? S: She asked where Namdaemun is. T: Well done. Now, listen to the dialog for the second time. Focus on the language expressions this time.(Show them the dialog again on the CD-ROM.) T: Tell me the words or sentences you heard. S: Each student says the sentences or words that they heard. T: Who said 'What a nice day?' S: Jinho. T: Do you know the meaning? What does it mean? S: It sounds like he is admiring the nice weather. T: Good listening. 3. **Let's listen again.** T: Let's listen to the dialog once more. Listen carefully to the expression.		

<table>
<tr><td rowspan="3">Development</td><td></td><td>(Show them the dialog again on the CD-ROM)</td><td rowspan="3">30’</td><td></td></tr>
<tr><td>Listen and repeat</td><td>◆Listen and repeat
1. **Listen carefully**
T: Look and listen carefully.(Show them the dialog on the CD-ROM.)

2. **Listen and repeat**
T: Listen carefully and repeat.
(Have the students listen and repeat the phrases of each character as the teacher clicks each character.)

3. **Let's practice**
(Students touch the related picture when you give them a sentence(book page 149 materials).)
T: What a tall tower! What a big cow!
S: Students touch the related picture with their finger.</td><td rowspan="2">사회 (4-2)
1. 문화재와 박물관
(2)박물관 견학과 문화재 답사 우리의 세계 문화유산
① 교과서 그림을 보면서 감탄사로 서로 말하기
②자료를 미리 준비하여 보여주었을 대 감탄사가 많이 말한 사람이 이김</td></tr>
<tr><td>Play</td><td>◆문화재 그림카드 짚으며 말하기 놀이하기
T: Work in pairs. Spread out a set of cards on the desk. If you're ready, put your hands on your head. When I say a sentence, snatch the correct card as soon as possible. What a tall tower! Snatch and say the sentence correctly. Then you can get the card. The person who has more cards will be the winner.
S: 짝을 지어 놀이하기
T: Do you want to play once more? Ok. Then, mix up the cards. Spread them out on the desk again. Are you ready? Here we go!</td></tr>
<tr><td rowspan="2">Consolidation</td><td>Review</td><td>◆미술품 사진 보며 학습 정리하기
T: How do you feel about this picture
S: What a beautiful picture.</td><td rowspan="2">5’</td><td rowspan="2">미술 (4)
12. 우리나라 미술품
우리나라 미술품 감상하고 느낌 표현하기</td></tr>
<tr><td>Saying good-bye</td><td>◆끝인사하기
T: Time's up. Bye-bye, class.
S: Good bye, Mr. Kang.</td></tr>
</table>

Lesson 4. What a Nice Day!의 2차시는 과학(4-2), 1. 동물의 생김새, 동물의 생김새와 특징, 상상의 동물을 그리거나 만들기, 과학(3-2), 3. 지구와 달, 지구의 모양, 달의 표면 모습 관찰하기를 도입단계에서 크거나 작은 동물을 그리도록 한 후 교사가 그림을 보고 크거나 작다고 이야기하면 학생들은 거기에 걸맞은 감탄사를 말하도록 하고 전개의 Play에서는 학생들에게 지구와 달의 그림을 그리게 하고 그것으로 주사위로 만든 다음 팀으로 나누어 주사위를 던지면 그에 맞는 감탄사를 말하도록 하는 게임으로 통합한 영어수업 지도안을 작성하였다.

Lesson 4. What a Nice Day!의 2차시

단 원 명		Lesson 4. What a Nice Day!		
단원의 소재 / 제재		감탄하기와 사물 묘사하기	차시	2 / 4
학습 목표		1.감탄하는 말과 응답하는 말을 할 수 있다. 2.챈트하며 사물의 위치를 묻고 대답하는 말을 할 수 있다. 3.주사위놀이에 즐겁게 참여할 수 있다.		
교수 학습 자료		컴퓨터, CD-ROM Title, 교과서 영어(5), 과학(4-2), 과학(3-2)		
타 교과의 내용		과학 (4-2). 1.동물의 생김새. 동물의 생김새와 특징 과학 (3-2). 3.지구와 달. 지구의 모양. 달의 표면 모습 관찰하기		
수업 단계	학습의 흐름	교수-학습 활동	시간	타 교과의 내용
Introduction	Greeting Motivation Introduction of aims	◆배운 내용 그림으로 복습하기 T: Let's draw the picture of a big and tall animal. And when I say 'It's an elephant. It's very big', you say 'What a big elephant'. S: OK. T: (학생들이 그린 동물 그림을 보며) It's a cow. It's very big. S: What a big cow! T: Good job! You remembered very well. T: Let's practice what we learned last time. ◆학습목표 제시 Let's do a chant and play a game.	5'	✪과학(4-2). 1. 동물의 생김새. 동물의 생김새와 특징, 상상의 동물을 그리거나 만들기.

Development	Look and Speak	◆**Look and Speak** 1. Look at the picture. T: Open your book to page 34. T: Look at the picture. Who do you see? S: (Answer looking at the picture.) T: Very good. Now, take a guess. What's the picture about? S: (Answer the guessing part.) T: Good guess! 2. **Let's listen to the dialog.** T: We have two dialogs today. Listen to Dialog A first. (Teacher presents Dialog A on the CD-ROM.) T: Did you understand the story? Who did you see? S: Nami and Ann. T: Where are they? S: At a playground. T: That's it. They are in the playground. Now, listen to Dialog B. (Teacher presents Dialog B on the CD-ROM.) T: Could you follow the story? Where are they? S: At a Seoul tower. T: Can they go up the tower? S: Yes. T: How do they go up there? T: That's right. They can use the elevator.	30'	
	Listen and Repeat(2)	◆Listen and Repeat 1. **Listen carefully.** T: Look and listen carefully. (The teacher presents the screen by the CD-ROM) 2. **Listen and repeat.** T: This time, listen carefully and repeat. (Let the students repeat after the screen by choosing each button on the screen.) T: Listen and repeat again.		
	Let's Chant	◆Let's Chant 1. **Listen to the chant.** T: Watch the screen and listen carefully. (Let the students listen to the chant through the CD-ROM.)		

Development		T: Listen again clapping to the rhythm. S: (리듬에 맞추어 손뼉 치며 듣기) 2. **Let's chant.** T: Listen and repeat line by line. S: (chant line by line) T: Let's do the whole chant. S: (chant the entire chant.) T: Get into two teams. Take turns. Chant part by part. S: Get into two teams. Take turns. Chant part by part. T: Now, switch roles. This team goes first. S: (switch roles)		
	Let's Play(2)	◆자구와 달을 그린 주사위로 놀이하기 T: Shall we play a game? Let's have fun with the 'Dice Game'. I'll tell you how to play the game. Look and listen carefully. T: At first Draw the picture of the earth and the moon. Then, make a dice and attach the picture of the earth and the moon. T: Get into groups of six. Each group, make two teams. After a team leader throws a dice, say a correct sentence and team members answer. A team leader : What a nice moon!/beautiful earth! A team members : Yes, it's very nice. T: If you said correctly, you can get the marks on the dice. (팀장은 돌아가며 맡고 10번 던져 많은 점수를 얻은 팀이 승리)	30'	✪과학(3-2). 3. 지구와 달. 지구의 모양, 달의 표면 모습 관찰하기
Consolidation	Review	◆배운 내용 복습하기 T: Let's do the chant again. S: 챈트하기	5'	
	Saying good-bye	◆끝인사하기 T: Time's up. Bye-bye, class. S: Good bye, Mr. Kang.		

Lesson 4. What a Nice Day!의 3차시는 도덕(4-2), 4. 자랑스러운 우리 문화, 우리의 문화유산에 깃든 정신을 알고, 이를 소중히 해야 하는 까닭 알기를 전개부분에서 학생들에게 외국인에게 소개하고 싶은 문화재에는 무엇이 있는지와 왜 잘 보존해야 하는지 까닭을 묻는 활동으로 통합한 영어수업 지도안을 작성하였다.

Lesson 4. What a Nice Day!의 3차시

<table>
<tr><th colspan="2">단 원 명</th><th colspan="3">Lesson 4. What a Nice Day!</th></tr>
<tr><td colspan="2">단원의 소재 / 제재</td><td>감탄하기와 사물 묘사하기</td><td>차시</td><td>3 / 4</td></tr>
<tr><td colspan="2">학습 목표</td><td colspan="3">1. 의미를 이해하며 낱말을 읽을 수 있다.
2. 알파벳 Pp~Tt의 대·소문자를 구별하여 쓸 수 있다.
3. 크게 또는 작게 쓰기 놀이에 즐겁게 참여할 수 있다.</td></tr>
<tr><td colspan="2">교수 학습 자료</td><td colspan="3">컴퓨터, CD-ROM Title, 교과서 영어(5), 도덕 (4-2)</td></tr>
<tr><td colspan="2">타 교과의 내용</td><td colspan="3">도덕 (4-2), 4. 자랑스러운 우리 문화. 우리의 문화유산에 깃든 정신을 알고, 이를 소중히 해야 하는 까닭 알기</td></tr>
<tr><th>수업 단계</th><th>학습의 흐름</th><th>교수-학습 활동</th><th>시간</th><th>타 교과의 내용</th></tr>
<tr><td rowspan="3">Introduction</td><td>Greeting</td><td>◆챈트하며 시작하기
T: Can you remember the chant that we learned last time?
S: Yes.</td><td rowspan="3">5'</td><td rowspan="3"></td></tr>
<tr><td>Motivation</td><td>T: Very good. Let's do the chant together. (CD-ROM title로 챈트 재생하기)
S: (다 함께 챈트하기)
T: Now, let's change some of the words. Say 'boy' instead of 'tower'. Say 'What a beautiful flower!' instead of 'What a nice day!' You've got it? OK. Let's go!
S: (가사 바꾸어 챈트하기)</td></tr>
<tr><td>Introduction of aims</td><td>T: Today, let's learn how to read some words. And let's write some letters.
◆학습목표 제시
Today, we're going to learn how to read some words and write some more letters.</td></tr>
</table>

Development	Look and Listen Again	◆Look and Listen Again (Present the first period dialogue on the CD-ROM Title again.) T: Look and listen to the dialog again. T: Let me stop for a moment. Look at the screen. What is the conversation about? Can you tell me? S: What a tall tower!/Yes, it's very tall. T: Good job! Let's say it all together. S: What a tall tower! Yes, it's very tall. T: It's a very nice day. What does Jinho say? S: Look at the sky. What a nice day? T: Where do the foreign man and woman want to go? S: Namdaemun. T: What does she ask Jinho? S: Where is Namdaemun? T: Well done. T: Do you have any Korean customs or food that you want to introduce to the foreigners? S: Yes. T: What is it? S: Gimchi, Bulgogi, Ondol, Korean Traditional Costume, and so on. T: Why do you want to introduce them to the foreigners? S: Because they are representative of excellent Korean tradition. T: Why do we have to preserve our culture? S: Because we should hand it down to the descendants and they cherish it.	30'	
	Let's Read	◆Let's Read 1. Look and listen carefully. (Present 'Word Reading' on the CD-ROM.) T: Open your book to page 36. Do you see the words with pictures? Can you read them? S: Yes. T: Let's learn how to read them. Watch the screen and listen carefully. S: (Students listen to the pronunciation of the words while watching the screen.)		도덕(4-2) 4. 자랑스러운 우리 문화. 우리의 문화유산에 깃든 정신을 알고, 이를 소중히 해야하는 까닭 알기.

Development		2. Let's read. T: This time, listen carefully and read after the sound. S: (따라 읽기) (Present the word cards on the chalkboard and give each card a number.) T: Now, let me give a number to each card. I say a word, you say the number matching it. S: (Students listen to the words that the teacher says and say the number matching it.) T: Good job! Let's switch roles. I say a number, you say the word matching it. S: (Read the word matching the number that the teacher says.) T: Well done! This time, read the words out loud by yourselves. S: (Read the words out loud by themselves.) T: Excellent. 3. Do it your self. (Picture Word Domino Game) T: Look at your book, There is the 'Picture Word Domino Game'. Connect the pictures and words correctly. Can you do that? S: Sure. T: Good. Let's try it. T: Have you done it? S: Yes. T: Let's check the answers with the CD-ROM title.	30'	
	Let's Write	◆써보기 1. Look carefully. T: Now, look at the top part on page 37. What do you see? Yes, some letters. Can you read them? S: (Students say the letters and read the words under each letter.T: Watch the screen to learn how to write them.(Present the alphabet writing order on the CD-ROM.) 2. Let's write. T: Write the letters with your pointer in the air.		

Development	Let's Play(3)	S: (Students write the words in the air with a finger.) T: Now, copy the letters. S: (Write the alphabet letter above the picture on the space provided.) 3. Do it yourself. (Picture Word Maze Game) T: Look at the 'Maze Game' in your book. Go along the path. Write the beginning letter of the word in lower case. T: Are you done? S: Yes. T: Very good. Now, let's check the answer. ◆크게 또는 작게 쓰기 놀이 해 보기 T: How about a game? This time, let's play the 'Writing Game'. Let me show you how to play the game. Look carefully. T: Make four teams. First student of each team, come here and stand in front of board. When I say 'What a big P!', you write the big P as big as you can. The person who wrote the biggest P gets a point. When I say 'What a small q', you write the small q as small as you can. The person who wrote the smallest q gets a point. T: The team that has the most points will be the winner.	30'	
Consolidation	Review Saying good-bye	◆배운 내용 복습하기 T: Let's review today's lesson. Can you read these words? S: Sky/tall/tower/big/city/bird. T: Now, write the letter that I call out on your partner's back. R! S: (불러주는 알파벳 손가락으로 짝의 등에 쓰기) ◆끝인사하기 T: Time's up. Bye-bye, class. S: Good bye, Mr. Kang.	5'	

Lesson 4. What a Nice Day!의 4차시는 과학(3-1), 6. 물에 사는 생물, 물에 사는 생물 관찰하기, 연못이나 개울에서 관찰한 것 나타내기, 어항 속의 생물 관찰하기를 전개의 Review 마지막 부분에서 어항이나 연못 속에 사는 생물을 그림으로 그리고 친구와 감탄문이 들어가는 대화를 만드는 활동으로 통합한 영어수업 지도안을 작성하였다.

Lesson 4. What a Nice Day!의 4차시

<table>
<tr><th colspan="2">단 원 명</th><th colspan="3">Lesson 4. What a Nice Day!</th></tr>
<tr><td colspan="2">단원의 소재 / 제재</td><td>감탄하기와 사물 묘사하기</td><td>차시</td><td>4 / 4</td></tr>
<tr><td colspan="2">학습 목표</td><td colspan="3">1. 역할놀이를 하며 묘사하는 말과 감탄하는 말을 능숙하게 할 수 있다.
2. 단원 학습 내용을 정리하고 실제 상황에서 말할 수 있다.</td></tr>
<tr><td colspan="2">교수 학습 자료</td><td colspan="3">컴퓨터, CD-ROM Title, 교과서 영어(5), 과학(3-1)</td></tr>
<tr><td colspan="2">타 교과의 내용</td><td colspan="3">과학 (3-1). 6.물에 사는 생물. 물에 사는 생물 관찰하기</td></tr>
<tr><td>수업 단계</td><td>학습의 흐름</td><td>교수－학습 활동</td><td>시간</td><td>타 교과의 내용</td></tr>
<tr><td>Introduction</td><td>Greeting

Motivation

Introduction of aims</td><td>◆전시학습 내용 복습하기
T: (낱말카드를 보여 주며) Let's read these words.
S: 낱말을 소리 내어 읽기
T: Very good. Now, let's write the letters form P to T in the air P!
(P부터 T까지 교사가 불러주는 알파벳을 손가락으로 공중에 쓰기)
T: Do you remember the chant 'What a Nice Day'?
S: Sure.
T: Good! Then let's chant together.
S: 다 함께 챈트하기.

◆학습목표 제시
Today, we're going to review what we learned in Lesson 4.</td><td>5'</td><td></td></tr>
</table>

Development	Role-play	◆걸리버 여행기 역할극 하기 1. **Let's look at the pictures** T: Open your book to page 38 and look at the pictures. Can you guess what the story is about? S: (Students express their opinion) T: Good. Today, we're going to role-play scenes form 'Gulliver's Travels'. First, look at the pictures and tell me what's happening. S: (Students say what they guess each scene) T: Good job! Can you make up a story with your group in English? If it is too difficult, make it up in Korean. It's OK. 2. **Let's watch the screen** T: Let's watch the screen. (The teacher shows the story on the CD-ROM.) T: What's the story about? S: It's the story about the Lilliputian who found the fallen Gulliver. T: What do they think Gulliver is? S: They thought he is a rock or an elephant. T: What makes them notice that he is a man? S: A big shoe. T: What do they say after seeing the shoe? S: What a big shoe! T: Fantastic! 3. **Listen and repeat** T: Let's watch the screen and repeat. (A teacher has students follow each scene looking at the screen with a momentary stop function.) 4. **Let's role-play** T: Get into groups of four. Each group, take a role. S: (Each group practices a role-play) T: Well done. Now, switch roles. S: (Each group switches roles and practices) T: It's time to role-play with your group.	30'	
	Review	◆복습하기 1. **Listen carefully, Write the correct number to the appropriate picture.** T: Look at page 39. Look at question number one. Listen carefully and connect the number(CD-ROM title로 문제 제시)		

Development		S: (Check the right answers in the text book) T: Let's check the answers. (Teacher asks students to check the answers by themselves showing both the sound and the picture at the same time. If any student has difficulty, let them hear once more.) S: (Check the answers looking at the screen) 2. **Fill in the blank with the appropriate big letters or small letters.** T: Look at question number two. Do you see letters? Some of them are big letters, some are small ones. Write down the small one next to the big one, Write down the big one next to the small one. Do you understand? S: Yes. T: Good. Let's try it. S: (Write down the counterparts of the big letter and small letter) T: Have you finished? S: Yes. T: Let's check the answers. (The teacher lets the students themselves check the answers with click ⓐ of the CD-ROM title.) 3. **Let's have a conversation on the situation below with your partner.** T: Draw pictures about the creatures in the pond and talk about the creatures. What do you say when you see a big fish. S: What a big fish! T: Good! Make a dialog with your partner. S: 짝과 대화 꾸미기 S1: What a nice pond! S2: Yes, it's very nice.	30'	✪과학(3-1). 6. 물에 사는 생물. 물에 사는 생물 관찰하기, 연못이나 개울에서 관찰한 것 나타내기, 어항 속의 생물 관찰하기
Consolidation	Wrap-up	◆복습하기 T: It's time to wrap up Lesson 4. Go home and have a good time listening to the CD-ROM title. Don't forget to use the expressions in your everyday life.	5'	
	Saying good-bye	◆끝인사하기 T: Time's up. Bye-bye, class. S: Good bye, Mr. Kang.		

5. Lesson 5. Where's Namdaemun?의 통합수업방법

Lesson 5. Where's Namdaemun?의 1차시는 미술(3) '12.우리 고장의 미술품' 단원에서 우리 고장의 미술품을 볼 수 있는 곳 알아보기 활동과 도덕(4-1) '4. 네가 먼저' 단원에서 남에게 친절하게 대하고 양보하는 태도의 중요성 알기 활동을 통합한 영어수업 지도안을 작성하였다.

Lesson 3. Lesson 5. Where Is Namdaemun(Sungnyemun)?의 1차시

<table>
<tr><td colspan="2">단 원 명</td><td colspan="4">Lesson 5. Where Is Namdaemun(Sungnyemun)?</td></tr>
<tr><td colspan="2">단원의 소재 / 제재</td><td>길 안내와 되묻기</td><td>차시</td><td colspan="2">1 / 4</td></tr>
<tr><td colspan="2">학습 목표</td><td colspan="4">• 길 안내 표현과 되묻는 말을 듣고 이해하며 말할 수 있다.</td></tr>
<tr><td colspan="2">교수 학습 자료</td><td colspan="4">컴퓨터, CD-ROM Title, 우리나라·고장지도, 우리고장 미술품 사진, 교과서{영어(5), 미술(3), 도덕(4-1)}</td></tr>
<tr><td colspan="2">타 교과의 내용</td><td colspan="4">미술(3) 12. 우리 고장의 미술품 우리 고장의 미술품을 볼 수 있는 곳 알아보기
도덕(4-1) 4. 네가 먼저 남에게 친절하게 대하고 양보하는 태도의 중요성 알기</td></tr>
<tr><td>수업 단계</td><td>학습의 흐름</td><td colspan="2">교수-학습 활동</td><td>시간</td><td>타 교과의 내용</td></tr>
<tr><td>Introduction</td><td>Greeting

Motivation

Introduction of aims</td><td colspan="2">◆인사 및 날씨 묻고 답하기
-Hello, class. How's the weather today?
-It's sunny.
◆지도 보며 위치 말하기
-Where is Halla Mt.?
-It's in Jeju island.
-Where is Namdaemun?
-It's in Seoul.
◆학습 문제 확인</td><td>5'</td><td></td></tr>
<tr><td>Development</td><td>Look and think

Look and listen</td><td colspan="2">◆교과서 그림 보며 내용 상상하기
-What's in the picture?
-What's the picture about?

◆CD-ROM Title의 대화 듣기
('조용히'기능으로 화면만 보여주다가 점차 소리와 함께 화면을 보여준다.)
-내용과 관련된 다양한 발문하고 대답하기</td><td>30'</td><td></td></tr>
</table>

Development	Listen and repeat	◆대화 듣고 따라 하기 ① −Where's Namdaemun? −I'm sorry? −Namdaemun, please. −Oh, Namdaemun? It's over there. ② −Where's Namdaemun? −Go straight and turn right at the bank. You can't miss it. −Thank you. −No problem.	30'	
	Activity	◆우리 고장의 미술품 사진과 고장 지도 보며 그 장소로 가는 길 묻고 답하기 −Where's this sculpture?(사진 보여주며) −It's in the Seongpo Art Park. −Where's the Seongpo Art Park? (고장 지도 보여 주며) −Go straight and turn left at the market. You can't miss it. −Thank you. −You're welcome.		미술 (3) 12.우리고장의 미술품 우리 고장의 미술품을 볼 수 있는 곳 알아보기
Consolidation	Review	◆짝끼리 장소 묻고 가는 길 알려주기 ◆길 안내할 때의 태도 묻고 답하기 −길 안내할 때는 어떻게 해야 하나요? −잘 알 수 있도록 친절하고 자세히 안내해 줘요. ◆역할놀이로 다음 문장 익히기 −Thank you. −You're welcome.	5'	도덕 (4-1) 4.네가 먼저 남에게 친절하게 대하고 양보하는 태도의 중요성 알기
	Saying good-bye	◆끝인사하기		

Lesson 5. Where's Namdaemun?의 2차시에서는 즐거운 생활(2-2) '2. 열차여행' 단원의 열차 놀이하기활동을 동기유발 단계에 통합하였고, 사회(3-2) '1. 고장 생활의 변화' 단원의 교통수단의 발달이 생활에 미치는 영향 알아보기 활동은 Let's play 단계에서 통합한 영어 수업 지도안을 작성하였다.

Lesson 5. Where Is Namdaemun?의 2차시

<table>
<tr><td colspan="2">단 원 명</td><td colspan="3">Lesson 5. Where Is Namdaemun?</td></tr>
<tr><td colspan="2">단원의 소재 / 제재</td><td>길 안내 표현 익히기</td><td>차시</td><td>2 / 4</td></tr>
<tr><td colspan="2">학습 목표</td><td colspan="3">• 다양한 상황에서 길 안내하는 표현을 듣고 이해하며 말할 수 있다.
• 노래를 즐겁게 따라 부르며 길 안내하는 말을 할 수 있다.</td></tr>
<tr><td colspan="2">교수 학습 자료</td><td colspan="3">컴퓨터, CD-ROM Title, 우리나라·고장지도, 우리고장 미술품 사진, 교과서{영어(5), 사회(3-2), 즐거운 생활(2-2)}</td></tr>
<tr><td colspan="2">타 교과의 내용</td><td colspan="3">사회(3-2) 1.고장 생활의 변화: 교통수단의 발달이 생활에 미치는 영향 알아보기
즐거운 생활(2-2) 2. 열차여행: 열차 놀이하기</td></tr>
<tr><td>수업 단계</td><td>학습의 흐름</td><td>교수-학습 활동</td><td>시간</td><td>타 교과의 내용</td></tr>
<tr><td rowspan="3">Introduction</td><td>Greeting</td><td>◆인사 및 안부 묻기
T: Good morning, everyone.
-Good morning, Mr. Kang.
T: How are you today?
-Fine, and you?
T: I feel good. Thank you.</td><td rowspan="3">5'</td><td rowspan="3">즐거운 생활(2-2) 2. 열차여행: 열차 놀이하기</td></tr>
<tr><td>Motivation</td><td>◆동기유발
기차 사진을 보여주며
T: I'm going to travel to Busan. How can I get there?
-You can go to Busan by train.
T: Good job.</td></tr>
<tr><td>Introduction of aims</td><td>◆학습목표 제시
We are going to talk about asking locations and giving directions.
Let's do a chant and play a game.</td></tr>
<tr><td>Development</td><td>Look and speak</td><td>◆Look and Think
T: Look at the picture on page 42.
There are two pictures. Can you tell me about the pictures?
-(Saying what they guess)

◆Look and Speak 1
T: Let's listen to Dialog A.
(After listening)
T: What is Ann looking for?
-She's looking for a supermarket.</td><td>30'</td><td></td></tr>
</table>

	T: Where is the supermarket? What did the woman say? —It's over there. T: Listen and repeat. ◆Look and Speak 2 T: Now look at dialog B. (After listening) T: What is the foreigner looking for? —ABC Bank. T: Where is ABC bank? Can you hear the direction? —Go straight and turn left at… T: Where does Jinho have to turn left ? —Turn left at the bus stop.		
Listen and repeat	◆Listen carefully and repeat. T: Let's listen and repeat the sentences line by line. (번호를 선택하여 반복하며 연습하게 한다.) S: (학생들은 CD-ROM을 따라서 연습하고 역할을 정하여 반복 연습한다.)		
Let's practice	◆Let's practice T: Look at this map. (칠판 혹은 융판에 동화 속 주인공들이 위치한 지도를 붙여 사용한다.) T: Where is the Cinderella/ Princess /etc.? S: Go straight and turn left at the school T: (교사는 학생들의 direction에 따라 인형을 움직인다. 학생 중 한 명이 할 수도 있다.)	30'	
Let's Sing	◆Listen to the song. T: Let's listen to the song. T: Listen one more time, clapping to the rhythm. ◆Let's sing. T: Let's sing one part at a time. T: Let's sing together. T: Girls, ask the location. Boys, give the directions. T: Now, switch roles.		
Let's Play(2)	◆Let's Play a Game (Dice Game) ① It's time for a game. Today we are going to play, the 'Dice Game'.		

Development		② There is a map. Each group, take one map (They brought their village map.). There are some places with numbers. ③ Make two teams in your group. And throw a dice one by one. ④ Ask the way and answer with the directions. ⑤ For example, team 1 asks "Where is the bank?" and team 2 answers "Go straight and turn right, please". ⑥ If you give the right direction, you get the number of points in the dice. ⑦ But if you don't give the right direction, you can't get the points.	30'	사회(3-2) 1.고장 생활의 변화: 교통수단의 발달이 생활에 미치는 영향 알아보기
Consolidation	Review	◆배운 내용 복습하기 T: Let's review today's lesson. Look at the screen and listen carefully to the directions. Then write the number of the building. S: Students listen to the directions and write the number of buildings.	5'	

Lesson 5. Where's Namdaemun?의 3차시는 사회(3-1) '1. 고장 생활의 모습' 단원의 집에서 시장가는 길을 글로 표현하기 활동과 친구들의 집을 그림지도로 나타내기 활동을 통합한 영어수업 지도안을 작성하였다.

Lesson 5. Where Is Namdaemun(Sungnyemun)?의 3차시

단 원 명	Lesson 5. Where Is Namdaemun(Sungnyemun)?		
단원의 소재 / 제재	1. 길 안내하기 2. 알파벳 쓰기	차시	3 / 4
학습 목표	• 의미를 이해하며 낱말을 읽을 수 있다. • 알파벳 'Uu~Zz'의 대·소문자를 구별하여 쓸 수 있다. • 길 안내하기 놀이를 하면서 길 안내하는 말을 할 수 있다.		
교수 학습 자료	컴퓨터, CD-ROM Title, 우리나라·고장지도, 우리고장 미술품 사진, 교과서{영어(5), 사회(3-1)}		
타 교과의 내용	사회(3-1) 1. 고장 생활의 모습 : 집에서 시장가는 길을 글로 표현하기, 친구들의 집을 그림지도로 나타내기		

수업 단계	학습의 흐름	교수–학습 활동	시간	타 교과의 내용
Introduction	Greeting Review Introduction of aims	◆인사 및 날씨 묻고 답하기 T: Hi, everyone. –Hi, Ms. Son. T: What day is it today? –It's Thursday. T: What day was it yesterday? –It was Wednesday. T: Let's review the last lesson. (그림 지도로 관련된 방향 지시문을 복습한다.) I'll show you a map. Where is the bank? ◆학습목표 확인 Let's learn how to read some words. And let's write some letters and play a game.	5'	
Development	Look and Listen Again Let's Read Let's Write	◆Look and Listen 다시 듣기 (Look and Listen'을 CD-ROM Title로 다시 제시한다. 대화를 생각하며 CD-ROM Title을 본 후, 주요 구문을 점검한다.) ◆낱말 읽기 1. Look and listen carefully. (CD-ROM Title로 낱말읽기를 제시한다.) 2. Let's read (화면을 보며 따라 읽고 낱말을 들은 후, 해당하는 그림을 손가락으로 짚는다.) –Chair, Classroom, desk, door, name. 3. Do it Yourself. –같은 모양을 연결하여 알맞은 낱말을 만들고, 그 낱말과 그림을 이어보기 (CD-ROM Title로 낱말과 그림 연결하기의 정답 제시) ◆알파벳 쓰기 1. Look carefully. (CD-ROM Title로 알파벳과 낱말을 제시한다.) –화면을 보며 알파벳의 발음 듣기 –책에 제시된 알파벳을 스스로 읽기	30'	

Development	Let's Play(3)	2. Let's Write. (CD-ROM Title로 알파벳 쓰는 순서를 제시한다.) T: Write the letters with your fingers in the air. —(Writing the letters in the air) T: Trace the alphabet on your book. 3. Do it Yourself. —□ 안에 알맞은 글자 써 넣기 Let's Play a Game(Finding Markets) ① It's time for a game. This time, let's play the 'Finding Market Game'. ② Make pairs. ③ Each pair, take one map. There are some places with numbers. ④ Do 'rock-paper-scissors'. Winner throws the dice first. ⑤ Ask the market's location matching the number on the dice. ⑥ The partner gives the direction. ⑦ Go on it by turns. And the person who shows all the places first wins.	30'	✪사회(3-1) 1. 고장 생활의 모습 : 집에서 시장가는 길을 글로 표현하기, 친구들의 집을 그림지도로 나타내기
Consolidation	Review Saying good-bye	◆'Look and Speak' 다시 복습하기 T: What is "남대문이 어디 있지요?" in English? —Where is Namdaemun? T: I'm sorry? —Where is Namdaemun? ◆Consolidation T: (Marking the direction by an arrow on the blackboard) Give me the direction as I draw it. —Go straight and turn left. And turn right. ◆끝인사하기 T: Time's up. Bye-bye, class. S: Good bye, Mr. Kim.	5'	

Lesson 5. Where's Namdaemun?의 4차시는 사회(3-2) '3. 살기 좋은 우리고장 (1) 고장의 여러 기관과 단체' 단원의 공공 기관의 종류와 위치 알기 활동을 역할놀이 활동과 통합한 영어수업 지도안을 작성하였다.

Lesson 5. Where Is Namdaemun?의 4차시

<table>
<tr><th colspan="2">단 원 명</th><th colspan="3">Lesson 5. Where Is Namdaemun?</th></tr>
<tr><td colspan="2">단원의 소재 / 제재</td><td>심화보충학습을 통해 학습내용 정리하기</td><td>차시</td><td>4 / 4</td></tr>
<tr><td colspan="2">학습 목표</td><td colspan="3">• 정보 차이를 이용한 활동을 통해 길안내와 되묻기를 할 수 있다.
• 학습한 내용을 정리하고 실제 상황에서 말할 수 있다.</td></tr>
<tr><td colspan="2">교수 학습 자료</td><td colspan="3">컴퓨터, CD-ROM Title, 교과서{영어(5), 사회(3-2)</td></tr>
<tr><td colspan="2">타 교과의 내용</td><td colspan="3">사회(3-2) 3. 살기 좋은 우리고장 (1) 고장의 여러 기관과 단체: 공공 기관의 종류와 위치 알기</td></tr>
<tr><td>수업 단계</td><td>학습의 흐름</td><td>교수－학습 활동</td><td>시간</td><td>타 교과의 내용</td></tr>
<tr><td>Introduction</td><td>Greeting

Introduction of aims</td><td>◆인사 및 안부 묻기
T: How's it going?
S: Good. How about you?

◆동기유발
T: Let's start the lesson with the song 'Where's Namdaemun?'.

◆학습목표 확인
T: We are going to do 'Information Gap Activity'. And then, we'll review Lesson 5. We'll answer some questions and solve some problems.</td><td>5'</td><td></td></tr>
<tr><td>Development</td><td>Role-play</td><td>◆지금까지 배운 이름과 안부를 묻고 대답하는 표현들을 사용하여 역할놀이 하기
T: Let's do an activity.
T: Open your book to page 46. There are two maps. One is for you and the other is for your partner. I'll tell you how to do this activity.
T: There are two maps. Each person choose a map.
T: Write the names of the buildings. Anywhere you want!</td><td>30'</td><td></td></tr>
</table>

<table>
<tr><td rowspan="5">Development</td><td>Review</td><td>T: Try to find out about your partner's map by asking and answering each other.
S1: Where is the library?
S2: Go straight. and turn right.
S1: Where is the school?
S2: Go straight. and turn left.
T: After surveying, compare you maps.</td><td rowspan="5">30'</td><td rowspan="5">사회(3-2) 3. 살기 좋은 우리고장 (1) 고장의 여러 기관과 단체: 공공 기관의 종류와 위치 알기</td></tr>
<tr><td></td><td>◆Clicking off the right answer
T: Look at page 47. Listen carefully and connect the buildings they find to the right places.</td></tr>
<tr><td></td><td>◆Writing some letters
T: Look at the second question. What do you see?
−The alphabet.
T: What is missing?
−B, C, D.</td></tr>
<tr><td></td><td>◆Review
T: Please write the alphabet in the blanks.</td></tr>
<tr><td></td><td>◆ Making a dialogue
T: I'll draw a simple map from the school to your house.
T: Ask and answer about how to go to your house from the school</td></tr>
<tr><td>Consolidation</td><td>Wrap up

Saying good-bye</td><td>T: You did good job today.
I'm very proud of you.
노래를 열심히 부른 아동, 게임 활동에 열심히 참여한 아동, 알파벳 찾기를 열심히 한 아동, 단어를 잘 알고 있는 아동 등 각 부문을 정하여 간단한 시상식을 갖고 사탕이나 스티커 등으로 보상을 해준다.
S: Thank you, Mr. Kang.
T: Please, use these expressions in your daily life. That's all for today. See you next time.
S: See you next time.</td><td>5'</td><td></td></tr>
</table>

6. Lesson 6. I Get Up at Seven Every Day.의 통합수업방법

Lesson 6. I Get Up at Seven Every Day.의 1차시는 체육 (3) '1. 신체의 성장과 발달' 단원의: 운동 선택과 계획 세우기 활동과 실과 (5) '1. 우리의 가정생활' 단원의 생활 계획과 실천 활동을 통합한 영어수업 지도안을 작성하였다.

Lesson 6. I Get Up at Seven Every Day.의 1차시

단 원 명	Lesson 6. I Get Up at Seven Every Day.			
단원의 소재 / 제재	습관에 관해 듣고 말하기		차시	1 / 4
학습 목표	• 습관에 관한 표현을 듣고 이해하며 말할 수 있다.			
교수 학습 자료	컴퓨터, CD-ROM Title, 모형 시계, 생활계획표, 그림카드 교과서{영어(5), 체육(3), 실과(5)}			
타 교과의 내용	체육 (3) 1. 신체의 성장과 발달 : 운동 선택과 계획 세우기 실과 (5) 1. 우리의 가정생활 : 생활 계획과 실천			

수업 단계	학습의 흐름	교수-학습 활동	시간	타 교과의 내용
Introduction	Greeting	◆간단한 인사말하기 -Hi, class. How are you? -I'm fine, thanks. How about you? -Good, thanks.	5'	
	Motivation	◆시계 보며 각자 상상해 보기 -지금 시각에 우리는 무얼 하고 있을까? -학교에 가고 있어요. 등		
	Introduction of aims	◆학습 문제 확인		

Lesson 6. I Get Up at Seven Every Day.의 2차시는 도덕(4-1) '2. 내 힘으로' 단원의 자주적인 생활이 필요한 까닭 알기 활동과

실과(5) '1.우리의 가정생활' 단원의 생활 계획과 실천 활동을 통합한 영어수업 지도안을 작성하였다.

단 원 명		Lesson 6. I Get up at Seven Every Day.		
단원의 소재 / 제재		1. 노래 부르기 2. 습관 표현하기	차시	2 / 4
학습 목표		• 'I Get Up at Seven Every Day' 노래를 즐겁게 부르며 습관을 나타내는 말을 할 수 있다.		
교수 학습 자료		컴퓨터, CD-ROM Title, 교과서{영어(5), 도덕(4-1), 실과(5)		
타 교과의 내용		도덕(4-1) 2. 내 힘으로 : 자주적인 생활이 필요한 까닭 알기 실과(5) 1.우리의 가정생활 : 생활 계획과 실천		
수업 단계	학습의 흐름	교수－학습 활동	시간	타 교과의 내용
Introduction	Greeting Motivation Introduction of aims	◆인사 주고받기 T: Good morning, everyone. －Good morning, Ms. Son. T: It's hot today, isn't it? －Yes, it's very hot. T: Summer is coming. Do you like summer? －Yes./No. T: Why do you like summer? －(Expressing the reason) ◆학습 문제 확인 We are going to learn and practice the expressions of daily routines and sing a song.	7'	
Development	Look and speak	◆대화 듣기 Look and Speak 1 T: Let's listen to Dialog A. (After listening) T: What time does he get up? －At 6:30. T: Did you hear what time he goes to bed? －No, I didn't. T: Let's listen one more time and find the answers. T: Listen and repeat. ◆Look and Speak 2 T: Now look at dialog B. (After listening) T: Why is Jinho surprised saying "At 5."? －Because he gets up so early. T: What does he do when he wakes up at 5:00?	28'	

Development		−He goes back to sleep again. T: Let's watch it once again and check the expressions. T: Listen and repeat. −(Repeating)	28'	
	Let's Practice	◆Let's Practice T: I'll write the time under the picture cards. T: Listen carefully to what I say. If I agree with the picture, clap your hands twice. If I make any mistakes about the picture, keep silent. T: (7시가 쓰여 있고 일어나는 그림을 가리키며) I go to school at 8. −(Keeping silent) T: I get up at 7. −(Clapping the hands twice)		실과(5): 생활 계획과 실천
	Let's Sing	◆Listen to the song. T: Let's learn a new song. First, listen to it carefully. T: Listen one more time, clapping to the beat. ◆Let's sing. T: Let's sing one part at a time. T: Let's sing together. T: Now, you girls sing. Boys, do the movements. T: Now, switch roles.		
	Let's play	◆Let's Play a Game (Dice Game) ① Let's play 'Collecting Cards' this time. ② Shuffle the cards and put them face down on the desk. ③ The first student picks up a card and puts it on the desk face up. Talk about the card together. ④ The next student does the same activity. If you have the same cards, you can get them. ⑤ The student who gets the most cards is the winner.		

Consolidation	Review	◆배운 내용 복습하기 Evaluation(O, X) T: (Showing picture cards) If what I say is right, make an O with your arms. But what I say is wrong, make an X. (7시 30분에 아침 식사하는 그림카드를 보여주며) I have breakfast at 7:00. -(Making an X with arms) ◆Consolidation T: Let's watch Dialog A again. But this time, tel me about your day. T: What time do you get up? -I get up at .	5'	✪ 바른생활(1-1), 1. 알아서 척척. 스스로 준비물 미리 챙기기
	Saying good-bye	◆Assignment T: Review today's lesson at home. Next time, we're going to study reading and writing.		

Lesson 6. I Get Up at Seven Every Day.의 3차시는 체육(3) '1.신체의 성장과 발달' 단원의 올바른 식생활 태도와 건강과의 관계 알아보기 활동과 바른생활(2-1) '3. 스스로 하는 어린이' 단원의 학교와 집에서 스스로 할 수 있는 일 실천하는 활동을 통합한 영어수업 지도안을 작성하였다.

Lesson 6. I Get up at Seven Every Day.의 3차시

단 원 명	6. I Get up at Seven Every Day.		
단원의 소재 / 제재	1. 낱말 읽기 2. 카드 연결하기 놀이하기	차시	3 / 4
학습 목표	• 낱말의 의미를 이해하며 읽을 수 있고, 간단한 낱말을 보고 쓸 수 있다. • 카드 연결하기 놀이를 하면서 하루 일과에 관한 말을 할 수 있다.		
교수 학습 자료	컴퓨터, CD-ROM Title, 교과서(영어(5), 체육(3),바른생활(2-1)		
타 교과의 내용	체육(3) 1.신체의 성장과 발달 : 올바른 식생활 태도와 건강과의 관계 알아보기 바른생활(2-1) 3. 스스로 하는 어린이: 학교와 집에서 스스로 할 수 있는 일 실천하는 활동		

수업 단계	학습의 흐름	교수-학습 활동	시간	타 교과의 내용
Introduction	Greeting	◆인사 주고받기 T: Hi, everyone. -Hi, Mr. Kang. T: It's very hot in here. Why don't you open the window? -OK. T: Thank you. Did you have breakfast? -Yes, I did. T: How often do you exercise? -I go to the gym everyday. ◆Reviewing T: Let's review the last lesson. I'll show you the dialog. -(Listening) T: Now, pretend you are Joon. I'll ask you some questions. Please answer my questions. T: What time do you get up? -I get up at 7. T: What time do you come to school? -I come to school at 8:20.	5'	체육(3): 올바른 식생활 태도와 건강과의 관계 알아보기
	Introduction of aims	◆학습목표 확인 Let's learn how to read some words. And let's write some words and play a game.		
Development	Look and Listen Again	◆Look and Listen 다시 듣기 Open your book to page 52. Do you see the words with pictures? How may words do you see? -Six. T: Can you read them? -Yes./No. T: Let's watch the screen and listen carefully. -(Listening to words' sounds watching the screen.) T: This time, listen carefully and repeat them. -(Repeating) T: Now, listen to the words and point to the matching pictures in your book. -(Pointing to the matching pictures)	30'	
	Let's Read	T: Read the words by yourselves. -(Reading the words) T: Look at the screen and read the words out loud.		

Development		◆ Do it yourself T: Look at your book. There are some words in the lollipop. Can you find words? Find the words and connect them to the matching pictures. T: Let's check the answer with the CD-ROM title.		
	Let's look	◆ Let's look T: Look at your book on page 53. Let's read the words. -(Reading) T: Let's watch the screen to learn how to write them.		
	Let's write	◆ Let's write T: Write the letters with your fingers in the air watching the screen. -(Writing the letters in the air) T: Trace the words in your book. ◆ Let's Practice T: Look at this picture card. What's this? -It's a cat. T: How do you spell it? -'C, A, T' T: I'll write one of the words in the air. Watch me carefully and guess what it is. T: Let's switch roles. I will say a word. You write it in the air.	30'	
	Let's Play(3)	◆역할놀이 카드에는 학교와 집에서 할 수 있는 일들이 제시되어 있다. T : Let's play the 'Card Relay Game' this time. Look at the screen to find out how to play. ① Make groups of four. ② Cut the pictures. Each group needs a set of cards. ③ Deal them out. Everyone should have four cards. ④ First, student puts a card on the desk and talks about it. ⑤ Then, the person who has the next card put it down and say something about it. ⑥ The person who gets rid of his cards first is the winner.		바른생활(2-1): 학교와 집에서 스스로 할 수 있는 일 실천하는 활동

Consolidation	Review	◆'Look and Speak' 다시 복습하기 (CD-ROM Title로 'Look and Speak의 대화를 제시한 다음 역할을 정해 소리 없이 화면만 보며 말해 보게 한다.)	5'	
	Saying good-bye	◆끝인사하기 T: Did you have fun today? S: Yes. T: Time's up. So long, everyone. S: So long		

Lesson 6. I Get Up at Seven Every Day.의 4차시는 슬기로운 생활(1-1) '4. 슬기롭게 여름 나기' 단원의 여름철의 음식 내용과 바른생활(1-1) '1. 알아서 척척' 단원의 학교 수업시간 전에 준비하는 것의 중요성을 통합한 영어수업 지도안을 작성하였다.

Lesson 6. I Get up at Seven Every Day.의 4차시

단 원 명		6. I Get up at Seven Every Day.		
단원의 소재 / 제재		1. 습관 표현하기 2. 정리하기	차시	4 / 4
학습 목표		• 책 만들기 활동을 하면서 습관에 관한 표현을 말할 수 있다. • 학습한 내용을 정리하고 실제 상황에서 말할 수 있다.		
교수 학습 자료		컴퓨터, CD-ROM Title, 교과서{영어(5), 슬기로운생활(1-1), 바른 생활(1-1)		
타 교과의 내용		슬기로운생활(1-1) 4. 슬기롭게 여름 나기 : 여름철의 음식 바른생활(1-1) 1. 알아서 척척 : 학교 수업시간 전에 준비하는 것의 중요성		
수업 단계	학습의 흐름	교수－학습 활동	시간	타 교과의 내용
Introduction	Greeting	◆전시학습 복습하기 T: SungMin, what time do you get up? －I get up at 7:00. T: Good. Minsu, what time do you wash your face? －I wash my face at 7:30. T: What's your favorite food in the summer? －I like watermelon. etc. T: I like samgyetang. etc	5'	슬기로운 생활(1-1): 여름철의 음식

	Introduction of aims	◆학습목표 확인 Today, Let's do an activity and review what we learned in Lesson 6.		
Development	Role-play	◆지금까지 배운 이름과 안부를 묻고 대답하는 표현들을 사용하여 역할놀이 하기 각각의 그림에 맞는 시간이 적혀 있는 카드를 제시한다. 1. **Sharing worksheet** Do you know 'Flick the Clip Game'? Read how to play the game on your paper. 2. **Playing 'Flick the Clip Game'** 1) Make pairs. 2) First student in your group, flick the clip with your finger. 3) Make the sentence matching the picture and the time. 4) Say the sentence to your group. 5) If you say it correctly, you can get the number points of the time. 6) The person who gets the most points will be the winner. 3. **Comparing the score with your group members.** Let's choose the winner. Let's do an activity. T: Take out the cards we used last time. T: Make your own books using the cards. T: Write the time according to your every day life and complete the book. T: If you complete your book, move around the classroom and meet your friends. Then, show your book and talk about it with each other. S1: (Showing his/her book) I get up at 7, etc. S2: (After listening and then talking about his/her book) T: Who wants to talk about your book in front of the class? −(Talking about the book)	30'	바른생활(1-1): 학교 수업시간 전에 준비하는 것의 중요성
	Review	◆Clicking off the right answer T: Look at page 55. Listen carefully and write the time below the matching picture.		

Development		◆Reading some words and writing them T: Look at the second question. Some words are linked in a line. Can you read them? —Yes. T: Now write the words with colored pencils. —(Coloring the words) T: Let's check the answers with the CD-ROM title. ◆Making a dialogue T: Ask and answer about your daily life with your partner. T: After finishing it, talk about it with another friends.	30'	
Consolidation	Wrap -up	◆Let's wrap up Lesson 6 T: Can you speak about your schedule with confidence? T: Show your book to your family and talk about it in English. —OK. ◆Assignment T: Next time we're going to learn about description of appearance. T: Thanks for your attention. See you next time.	5'	

7. Lesson 7. She is tall.의 통합수업방법

Lesson 7. She is tall.의 1차시는 인물을 묘사하는 표현을 듣고 이해하며 말하는 것이 목표이다. 도입단계에서 가족을 소개할 때 묘사부분에 중점을 두어 바른 생활(2-1) 6. 즐거운 우리 집 / 가족 소개하기 제재와 연관 지어 가족의 특징을 묘사하는 소개를 통해서 가족에 대하여 사랑하는 마음을 가지고 가족의 중요성을 부각시킬 수 있도록 활동안을 작성하였고, 전개단계인 국어(5-1) 2. 찬찬히 살피기 / 분석의 방법으로 알기에서는 자신이 조사하고, 관찰하여 생성한 정보를 분석이나 분류의 방법으로 표현하는 것이 목표이기에 우리 반 친구들의 모습을 눈, 코, 입의 항목에 따른 분류 묘사로 접목시켰으며, 정리 단계인 바른 생활(2-1) 7. 정다운 이웃/서로 돕는 이웃과 관련하여서는 이웃과 원만한 공동체 생활을 영위하기 위해서는 이웃을 바르게 알고 내가 먼저 이웃에게 다가갈 수 있도록 이웃집 가족의 모습을 묘사해오는 과제를 제시하여 통합수업안을 구성하였다.

Lesson 7. She's tall.의 1차시

<table>
<tr><th colspan="2">단 원 명</th><th colspan="3">Lesson 7. She's tall.</th></tr>
<tr><td colspan="2">단원의 소재 / 제재</td><td>인물을 묘사하는 표현 듣고 이해하기</td><td>차시</td><td>1 / 4</td></tr>
<tr><td colspan="2">학습 목표</td><td colspan="3">1. 가족과 친구의 인물을 묘사하는 표현을 듣고 이해하며 말할 수 있다.
2. 카드집기 놀이에 즐겁게 참여할 수 있다.</td></tr>
<tr><td colspan="2">교수 학습 자료</td><td colspan="3">컴퓨터, CD-ROM Title, 그림 카드,
교과서{영어(5), 국어(5-1), 바른 생활(2-1)}</td></tr>
<tr><td colspan="2">타 교과의 내용</td><td colspan="3">국어 (5-1) 2. 찬찬히 살피기/분석의 방법으로 알기
바른 생활 (2-1) 6. 즐거운 우리 집/가족 소개하기
바른 생활 (2-1) 7. 정다운 이웃/서로 돕는 이웃</td></tr>
<tr><th>수업 단계</th><th>학습의 흐름</th><th>교수-학습 활동</th><th>시간</th><th>타 교과의 내용</th></tr>
<tr><td>Introduction</td><td>Greeting

Introduction of aims</td><td>◆기분을 물어보며 인사나누기
T: Hello, everyone.
Inho, How do you feel today?
S: I feel .

◆교사의 가족사진을 보며 인물의 특징을 묘사하며 소개하기
T: Let's introduce my family to you now. This is my husband. He is tall.
T: This is me. I am short.
This is my daughter, she is cute.
S: 사진 보며 묘사하는 부분 이해하기

◆학습 문제 확인</td><td>5'</td><td>바른생활 (2-1)
6. 즐거운 우리 집/가족 소개하는 활동</td></tr>
</table>

Development	Look and think	1. **Look at the pictures.** T: Look at the picture. Who do you see? What's the picture about? S: Mrs. Kim's family.		
	Look and listen	2. **Let's listen to the dialog.** T: I'll say some sentences about my family. If it's right, make an ○ with your arms. If it's wrong, make an × T: Mr. Park is my husband. S: Students make an ○. T: He is very tall. S: Students make an ○. T: So-yeon is a son. S: Students make an ×. T: She has short hair. S: Students make an ○. 3. **Let's listen again.** T: Listen to the dialog once again and check your answers. ◆듣고 따라하기 He is tall. She is short. He has big eyes. She has small eyes. He has short hair. She has long hair. He is heavy. She is thin. She/He's wearing nice glasses.	30'	
	Listen and Repeat (1)	3. **Let's practice.** (우리 반 친구의 사진을 모니터에 제시하며, 묘사의 표현을 동작과 함께 익히기) T: She has long hair. She has small eyes. She has nice glasses. Who is she? S: She is ________. T: He has short hair. He has big eyes and a small mouth. Who is he? S: He is ________.		국어 (5-1) 2. 찬찬히 살피기/분석의 방법으로 친구의 특징 알기

Development	Play	◆카드집기 놀이하기 – 교사가 들려주는 문장을 듣고, 묘사하고 있는 카드가 무엇인지 따라 말하며, 마지막 문장을 따라 한 다음에 재빨리 알맞은 그림 카드를 집는다. 가장 많은 카드를 가진 사람이 이긴다. T: Cut out your cards on page 159. Spread one set in the middle. Now, listen and repeat after me. Then find the right card. And pick it up. The student who has the most cards is the winner.	30'	
Consolidation	Wrap up Home-work Saying good-bye	◆연예인 중의 한 명을 묘사하며 퀴즈내기 T: She is short. She has small eyes and a big mouth. Who is she? S: She is a TV star. Her name is 전원주. ◆Review today's lesson at home. T: Describe your neighbor. S: OK. ◆끝인사하기 T: Time's up. Bye-bye. S: Good bye, Mrs. Kim.	5'	바른 생활 (2-1) 3. 더불어 사는 우리 이웃 / 이웃에 사는 사람 알아보기

Lesson 7. She is tall.의 2차시는 인물을 묘사하는 표현을 듣고 말하는 것이 목표이기에 즐거운 생활(2-1) 1. 만나서 반가워요 / 친구 얼굴 표현하기와 연계해서는 우리 반 친구의 얼굴을 묘사하면서 표현을 배우도록 하였고, 한편, 미술(3) 4. 표정과 느낌 / 여러 가지 표정의 얼굴 표현하기와 연계해서는 눈, 코, 입, 머리 등의 개수가 다양한 모양의 몬스터를 완성하면서 흥미와 생동감 있는 표현을 익힐 수 있도록 미술 활동과 연계한 통합수업안을 구성하였다.

Lesson 7. She's tall.의 2차시

단 원 명		Lesson 7. She's tall.		
단원의 소재 / 제재		인물을 묘사하는 표현 듣고 말하기	차시	2 / 4
학습 목표		1. 친구 얼굴을 그리며 인물을 묘사하는 표현을 듣고 이해하며 말 할 수 있다. 2. 노래를 즐겁게 따라 부르며 인물을 묘사하는 말을 할 수 있다. 3. 몬스터 완성하기 놀이에 즐겁게 참여할 수 있다.		
교수 학습 자료		컴퓨터, CD-ROM Title, 4절 캔트지, 색 사인펜 교과서{영어(5), 미술(3), 즐거운 생활(2-1)}		
타 교과의 내용		미술(3) 4. 표정과 느낌 / 여러 가지 표정의 얼굴 표현하기 즐거운 생활 (2-1) 1. 만나서 반가워요 / 친구 얼굴 표현하기		
수업 단계	학습의 흐름	교수－학습 활동	시간	타 교과의 내용
Introduction	Greeting Review	◆날씨를 물어보며 인사나누기 T: Hello, everyone. How's the weather? S: It's . ◆어떤 동물일까요? 퀴즈 맞추기 T: It has a long neck and long legs. What is it? S: It's an elephant.	5'	
Development	Introduction of aims Look and speak	◆학습 문제 확인 ◆교과서 사진을 보며 내용 예상하고 대화 듣고 답하기 1. **Look at the pictures.** T: Open your book to page 58. Look at the pictures. Can you guess what they are talking about? S: (각자의 생각 발표하기) 2. **Let's listen to the dialog.** T: Who are they? S: Joan and Peter. T: What are they talking about? S: They are talking about Peter's sister. T: How does she look? S: She is tall and pretty. T: Now look at the dialog B. Listen to Jinho and Nami. Who are they? S: Nami and Jinho.	30'	

Development		T: What did they see? S: They saw the poster. T: What does he do? S: He is a singer. T: How does he look? He has long hair. 3. **Let's listen again.** T: Listen to the dialog once again and check your answers. (CD-ROM title로 다시 한 번 대화 제시)		
	Listen and Repeat(2)	◆듣고 따라 하기(2) 1. **Listen carefully.** T: Look and listen carefully. 2. **Listen and repeat.** T: Listen carefully and repeat. (CD-ROM title 화면에서 대화의 번호를 클릭하여 들려주고 따라하며 익히기) 3. **Let's practice.** (교사는 칠판에 우리 반 친구의 얼굴을 그리고, 학생들은 허공에 그리며 따라 말하면서 본 대화를 연습한다.) T: I'll draw my sister. She has a big face.(칠판에 얼굴을 크게 그 리며) S: She has a big face.(허공에 그림을 그리며 따라 말한다.) T: She has long hair.(긴 머리를 그리며) S: She has long hair.(긴 머리를 그리며 말한다.) T: She has a big nose.(큰 코를 그리며) S: She has a big nose.(큰 코를 그리며 말한다.) T: She has small eyes.(작은 눈을 그리며) S: She has small eyes.(작은 눈을 그리며 말한다.)	30'	즐거운 생활 (2-1) 1. 만나서 반가워요 / 친구 얼굴 표현하기
	Let's sing	◆노래하기 T: Let's listen to the song, first. S: Students listen to the song. T: Let's sing part by part. S: Students sing part by part.		

Development	Let's play(2)	◆몬스터 완성하기 놀이하기 모둠을 6모둠으로 나누고 각 모둠에 4절지 한 장씩을 나누어 준다. 교사가 묘사하는 말을 불러주고 모둠원들은 한 사람 씩 돌아가며 몬스터를 완성한다. 그리고 최고의 몬스터를 선정한다. Let's divide the class into six groups. And a teacher gives a big sketch sheet to each of the groups. And then the teacher describes the monster's features, the students draw the monster. And the teacher chooses the best monster. T: Draw a big face. Draw three eyes and two noses. Draw a big mouth and short hair. Draw four big horns. S: Students complete a nice monster.	30'	미술(3) 4. 표정과 느낌 / 여러 가지 표정의 얼굴 표현하기
Consolidation	Wrap up	◆배운 노래 부르기 T: Let's sing the song 'She's tall'. S: Students sing the song 'She's tall'.	5'	
	Home-work	◆배울 내용 테이프 듣기 T: Please listen to the next lesson on tape. S: OK.		
	Saying good-bye	◆끝인사하기 T: Time's up. Bye-bye. S: Good bye, Mrs. Kim.		

Lesson 7. She is tall.의 3차시는 신체와 관련된 낱말을 읽거나 쓰는 것이 목표이다. 따라서 바른 생활(2-2) 3. 우리 함께 지켜요. / 즐거운 교통 놀이와 관련하여 교통경찰이 한 개의 낱말을 부르면 한 사람씩 알파벳을 말하고 답이 맞으면 파랑 카드를, 답이 틀리면 노랑 카드를 보여줌으로써 낱말 익히기에 교통놀이를 적용하고 규칙에 맞게 놀이를 하면서 자연스럽게 신체와 관련된 낱말을 익힐 수 있도록 재구성하였다.

Lesson 7. She's tall.의 3차시

단 원 명		Lesson 7. She's tall.		
단원의 소재 / 제재		의미를 이해하며 낱말 읽고 쓰기	차시	3 / 4
학습 목표		1. 의미를 이해하며 낱말을 읽을 수 있다. 2. 낱말 nose, mouth, face를 쓸 수 있다. 3. 즐겁게 교통놀이에 참여하며 배운 낱말을 익힐 수 있다.		
교수 학습 자료		컴퓨터, CD-ROM Title, 신호카드, 끈 교과서{영어(5), 바른 생활(2-2)}		
타 교과의 내용		바른 생활 (2-2) 3. 우리 함께 지켜요. / 즐거운 교통 놀이		
수업 단계	학습의 흐름	교수-학습 활동	시간	타 교과의 내용
Introduction	Greeting Introduction of aims	◆날짜를 물어보며 인사나누기 T: Hello, everyone. What day is it today? S: It's. ◆어제 배운 노래 부르기 T: Let's sing the song 'She's tall'. S: Students sing the song 'She's tall'. ◆학습 문제 확인	5'	
Development	Look and Listen again Let's Read Let's write	◆다시 듣기 (Look and Listen을 다시 제시한다. 대화를 생각하며 CD-ROM Title을 본 후, 주요 구문을 점검한다.) ◆낱말 읽기 1. **Look and listen carefully.** Let's watch the screen and listen to the dialog carefully. 2. **Let's Read.** 화면을 보며 따라 읽고 낱말을 들은 후, 해당하는 그림을 손가락으로 짚는다. -big, small, long, short, eyes, ears, hair 3. **Let's Do it.** 그림에 맞는 낱말에 √표를 해 본다. 읽기 문제의 정답을 스크린으로 제시한다. ◆낱말 쓰기 낱말을 순서에 맞게 한 번씩 따라 써 본다.	30'	

Development	Let's play(3)	◆교통놀이 하기 4인 1모둠이 되어 끈으로 사람 기차를 만들고 교통경찰 앞에 선다. 교통경찰이 한 개의 낱말을 부르면 한 사람씩 알파벳을 말하여 낱말을 완성한다. 답이 맞으면 녹색 신호등을 올리고 답이 틀리면 빨강 신호등을 올린다. 빨강 신호등이 올려진 팀은 다시 연습하여 녹색 신호등을 들을 때까지 다시 연습한다. 먼저 통과한 모둠이 이긴다. Policeman: Hi, How do you spell nose? passengers: n-o-s-e. Policeman: OK. you're right.(He raises a green light.) Bye.	30'	바른생활 (2-2) 3. 우리 함께 지켜요. / 즐거운 교통놀이
Consolidation	Wrap up	◆가족 중의 한 사람 공중에 그림 그리기 T: Think about a family member. Let's draw him or her in the air. Let's draw a face, a nose and ears. And now let's describe him or her. S: She is beautiful. She has a big nose. She is tall, She has big eyes.	5'	
	Home-work	◆인물꾸미기 준비물 갖고 오기 T: Please bring some magazines, pictures and newspapers. S: OK.		
	Saying good-bye	◆끝인사하기 T: Time's up. Bye-bye. S: Good bye, Mrs. Kim.		

Lesson 7. She is tall.의 4차시는 미술 (4) 8.재미있는 표현 / 여러 가지 재료와 방법으로 표현하기, 과학(4-2) 1.동물의 생김새 / 상상의 동물 그리거나 만들기, 우리들은 1학년(1) 1.학습용구 바르게 사용하기 / 가위로 여러 모양 오려서 재미있게 꾸미기 제재와 연계하여 여러 가지 재료를 사용하여 상상의 동물을 꾸미고 묘사하는 말을 실제 상황에서 할 수 있도록 구성하였다.

Lesson 7. She's tall.의 4차시

<table>
<tr><td colspan="2">단 원 명</td><td colspan="3">Lesson 7. She's tall.</td></tr>
<tr><td colspan="2">단원의 소재 / 제재</td><td>상상의 동물 꾸미기 활동을 하며 실제상황에서 말하기</td><td>차시</td><td>4 / 4</td></tr>
<tr><td colspan="2">학습 목표</td><td colspan="3">1. 상상의 동물 꾸미기 활동을 하며 배운 문장을 적절히 사용할 수 있다.
2. 학습한 내용을 정리하고 실제 상황에서 말할 수 있다.</td></tr>
<tr><td colspan="2">교수 학습 자료</td><td colspan="3">컴퓨터, CD-ROM Title, 잡지나 신문, 사진, 가위, 캔트지, 풀
교과서{영어(5), 미술(4), 과학(4-2),우리들은1학년(1)}</td></tr>
<tr><td colspan="2">타 교과의 내용</td><td colspan="3">미술 (4). 8. 재미있는 표현 / 여러 가지 재료와 방법으로 표현하기
과학(4-2) 1. 동물의 생김새 / 상상의 동물 그리거나 만들기
우리들은 1학년(1) 1. 학습용구 바르게 사용하기 / 가위로 여러 모양 오려서 재미있게 꾸미기</td></tr>
<tr><td>수업 단계</td><td>학습의 흐름</td><td>교수-학습 활동</td><td>시간</td><td>타 교과의 내용</td></tr>
<tr><td>Introduction</td><td>Greeting

Review

Introduction of aims</td><td>◆요일을 물어보며 인사 나누기
T: Hello, everyone.
What day is it today?
S: It's monday.

◆배운 단어 질문하기
T: How do you spell hair?
S: h-a-i-r.
T: Good!

◆학습목표 제시</td><td>5'</td><td></td></tr>
<tr><td>Development</td><td>Activity

Review</td><td>◆상상의 동물 꾸미기 활동하기
CD-ROM 타이틀을 통하여 대화를 연습한 다음, 개인별로 신문이나 사진, 잡지에서 오려낸 모습을 연결하여 상상의 동물을 만들어 4절 켄트지에 붙이고 묘사하는 말로 모둠원들에게 설명한다.
T: Make an imaginary animal using some magazines, newspapers, and pictures.
S: Present work to the class.

◆복습하기
1. 잘 듣고, 알맞은 그림에 번호를 써보기
T: Look at page 63. Choose the correct picture and write the number.
S: 교과서에 답을 표시
T: Let's check the answers.
(CD-ROM title로 정답제시)</td><td>30'</td><td>미술 (4). 8. 재미있는 표현 / 여러 가지 재료와 방법으로 표현하기
과학(4-2) 1. 동물의 생김새 / 상상의 동물 그리거나 만들기
우리들은 1학년(1) 1. 학습용구 바르게 사용하기 / 가위로 여러 모양 오려서 재미있게 꾸미기</td></tr>
</table>

Development		S: 화면을 보면서 정답 확인하기 **2. 사다리 타고 내려가 그림에 맞는 낱말 써 보기** T: Start on each picture and go down the ladder. Write the correct word with the picture in each space. S: 교과서에 답을 표시 T: Let's check the answers. (CD-ROM title로 정답제시) S: 화면을 보면서 정답 확인하기 **3. 가족사진을 보며, 친구에게 가족의 모습에 대해 말해보기** T: Take out your family picture. Introduce and describe your family members to your friends. S: 가족의 모습을 묘사하여 설명한다.	30'	
Consolidation	Wrap-up Saying good-bye	◆단원 정리하기 T: Did you have fun in lesson 7? S: Yes. T: Wonderful. Please review Lesson 7 at home. S: OK. ◆끝인사하기 T: Time's up. Bye-bye, class. S: Good bye, Mr. Kim.	5'	

8. Lesson 8. Let's go swimming.의 통합수업방법

Lesson 8. Let's go swimming.의 1차시는 제안과 응답하는 표현을 듣고 이해하며 말하기가 목표이기에 국어(4-1) 넷째 마당 1. 서로서로 도우며 / 부탁하거나 거절하는 말을 예절 바르게 하는 것과 매우 밀접한 관련이 있기에 영어로 표현할 때, 문화적 차이에 의한 언어 방식을 이해하는 측면을 강조하면서 제안과 응답의 표현을 이해하도록 통합활동안을 구성하였다.

Lesson 8. Let's go swimming.의 1차시

단 원 명	Lesson 8. Let's go swimming.			
단원의 소재 / 제재	제안과 응답의 표현 이해하며 듣고 말하기	차시	1 / 4	
학습 목표	1. 예절 바르게 제안과 응답하는 표현을 듣고 이해하며 말할 수 있다. 2. 파리채로 카드잡기 놀이에 즐겁게 참여할 수 있다.			
교수 학습 자료	컴퓨터, CD-ROM Title, 그림 카드, 교과서{영어(5), 국어(4-1)}			
타 교과의 내용	국어 (4-1) 넷째 마당 1. 서로서로 도우며 / 부탁하거나 거절하는 말을 예절 바르게 하기			

수업 단계	학습의 흐름	교수-학습 활동	시간	타 교과의 내용
Introduction	Greeting	◆주말에 한 일 물어보며 인사나누기 T: Hello, everyone. Did you have a good weekend? S: 우리말로 답하거나 간단한 영어로 답한다.	5'	
	Review	◆7단원에서 배운 내용을 TPR로 복습하기 T: If you are tall, put your hands up. If your hair is long, clap your hands two times. If you are wearing glasses, tap on the desk Three times. S: 학생들은 동작으로 표현한다.		
	Introduction of aims	◆학습 문제 확인		
Development	Look and listen	◆CD-ROM Title의 대화 듣기 1. **Look at the pictures.** T: Open your book to page 64. Look at the picture. Who do you see? Can you guess what they are saying? S: 추측한 대로 발표한다. 2. **Let's listen to the dialog.** T: Can you follow the story? What's the weather like? S: It's sunny and very hot. T: What do they want to do? S: They want to go to swimming. T: Who suggested 'Let's go swimming?' S: Ann. T: What did Jinho answer? S: Sounds good.	30'	

Development		**3. Let's listen again.** T: Listen to the dialog once again and check your answers.(CD-ROM title로 다시 한 번 대화 제시)		
	Listen and Repeat (1)	◆듣고 따라 하기 **1. Listen carefully.** T: Look and listen carefully. **2. Listen and repeat.** T: Listen carefully and repeat. (CD-ROM title 화면에서 대화의 번호를 클릭하여 들려주고 따라하기)		
	Let's Play(1)	**3. Let's practice.** (교사는 동작과 함께 여러 가지 제안을 하면, 학생들은 자신의 상황에 따라 "sounds good / sorry, I can't. I'm busy today."로 답한다. T: (수영하는 동작을 하며) Let's go swimming. S: Sounds good. / sorry, I can't. I'm busy today. T: (등산하는 동작을 하며) Let's go hiking. S: Sounds good. / sorry, I can't I'm busy today. ◆파리채로 카드잡기 놀이하기 –짝끼리 책상 위에 카드를 펼친다. 교사가 제안하는 문장을 듣고 파리채를 집어 해당 카드를 빨리 치고 "sounds good."이라고 말한다. 카드를 치지 못한 학생은 하며, "sorry I can't."라고 말하며 카드를 많이 가져간 학생이 이긴다. T: Work in pairs. Set the cards on the desk and when I say a sentence, swat the right picture saying "sounds good". The other student says "sorry, I can't". The student who has the most cards is the winner.	30'	국어 (4-1) 넷째 마당 1. 서로서로 도우며 / 부탁하거나 거절하는 말을 예절 바르게 하기 ▶No라는 말 대신에 어감이 약한 말을 사용하며, 거절하는 말을 먼저 말한 다음 이유를 뒤에 말하는 식의 문화적 차이가 있음을 비교해서 설명해주기
Consolidation	Wrap up	◆수업 중에 수영을 가자고 제안하고 응답 문장 말하기 T: It's too hot. Let's go swimming. S: Sorry, I can't. I have to study now.	5'	
	Home-work	◆가족과 함께 제안의 표현 해보기 T: Try to use today's expressions with your family. S: OK. I will.		

Consolidation	Saying good-bye	◆끝인사하기 T: Time's up. Bye-bye. S: Good bye, Mrs. Kim.		

Lesson 8. Let's go swimming.의 2차시는 제안과 응답하는 표현을 듣고 이해하며 말하기가 목표이기에 음악(5) 9. 봄이 가고 여름 오면 / 가사 바꾸어 노래 부르기, 체육(4) 3. 공놀이 간이 볼링 게임하기 제재와 관련하여 Let's go swimming의 챈트를 통합교과의 제재에 어울리는 내용으로 가사를 바꾸어 부르게 함으로써 즐겁게 제안하는 말을 할 수 있도록 구성하였다.

Lesson 8. Let's go swimming.의 2차시

단 원 명		Lesson 8. Let's go swimming.		
단원의 소재 / 제재		제안과 응답의 표현 듣고 말하기	차시	2 / 4
학습 목표		1. 제안과 응답하는 표현을 듣고 이해하며 말할 수 있다. 2. 'Let's go swimming.' 챈트를 가사 바꾸어 부르기로 즐겁게 따라 하며 제안하는 말을 할 수 있다.		
교수 학습 자료		컴퓨터, CD-ROM Title, 색 싸인펜, 4절지 교과서{영어(5), 음악(5), 체육(4)}		
타 교과의 내용		음악(5) 9. 봄이 가고 여름오면 가사 바꾸어 노래 부르기 체육(4) 3. 공놀이 간이 볼링 게임하기		
수업 단계	학습의 흐름	교수－학습 활동	시간	타 교과의 내용
Introduction	Greeting Review Introduction of aims	◆주말에 할 일 물어보며 인사나누기 T: Hello, everyone. On Saturday, do you have any plans for the weekend? S: 우리말로 답하거나 간단한 영어로 답한다. ◆제안하는 문장에 답하기 T: (수영하는 동작을 하며) Let's go swimming. S: Sounds good. / Sorry, I can't I'm busy. ◆학습 문제 확인	5'	

<table>
<tr><td rowspan="3">Development</td><td>Look and Speak</td><td>◆CD-ROM Title의 대화 듣기
1. Look at the picture.
T: Open your book to page 66.
Look at the picture. What's going on?
S: 추측한 대로 발표한다.

2. Let's listen to the dialog.
T: Let's listen to Dialog A
Can Jinho skate?
S: Yes, He can.
T: Where are they going?
S: They are going skating.

T: Let's listen to Dialog B
Where do they want to go?
S: They want to go shopping.
T: When are they going to go shopping?
S: This Sunday.</td><td rowspan="3">30'</td><td></td></tr>
<tr><td>Listen and Repeat (2)</td><td>◆듣고 따라 하기
1. Listen carefully.
T: Let's watch the screen and listen.

2. Listen and repeat.
T: Listen and repeat again.
(CD-ROM title로 대화를 반복해서 익히기)</td><td></td></tr>
<tr><td>Let's chant</td><td>◆가사 바꾸어 챈트하기
① 세 팀으로 나누어 각각의 역할을 맡아 챈트하기.
② 역할을 바꾸어 챈트하기
③ 체육 시간에 하는 놀이와 연관된 내용으로 가사를 바꾸어 챈트하기
(간이볼링, 축구, 피구)

〈가사 바꾸기〉
Let's go bowling. (Boy A)
Sorry, I can't. (Girl A)
I can't go bowling.
Sorry, I can't.

Let's play football this time. (Boy A)
Sounds great. (Girl A)
I like football.

Let's play dodge ball This Sunday. (Boy B)
Sounds great. I like dodge ball. (Girl A)</td><td>체육(4)
3. 공놀이 / 간이 볼링 게임하기

음악(5) 9. 봄이 가고 여름오면 / 가사 바꾸어 노래 부르기</td></tr>
</table>

Development		Let's play football. Let's play dodge ball. Let's play football. Let's play dodge ball. Rock, paper, scissors. Rock, paper, scissors. I'm the winner. (Boy A) Let's go bowling. OK, sounds great! (Girl A)	30'	
Consolidation	Wrap up Home-work Saying good-bye	◆주말에 하고 싶은 일을 제안하기 T: What do you want to do this weekend? S: Let's go hiking. T: That sounds great. ◆배울 내용 듣기 T: Listen to the tape 'Let's read'. S: That sounds good. ◆끝인사하기 T: Time's up. Bye-bye. S: Good bye, Mrs. Kim.	5'	

Lesson 8. Let's go swimming.의 3차시는 의미를 이해하며 낱말을 읽고 쓰는 것이 목표이기에 즐거운 생활(1-2) 3. 들로 산으로/여러 가지 놀이하기와 관련하여 스피드 게임에 참여하면서 좀 더 박진감 있고 재미있게 낱말 스피드 게임을 하면서 배운 낱말을 익힐 수 있도록 구성하였다.

Lesson 3. Lesson 8. Let's go swimming.의 3차시

단 원 명	Lesson 8. Let's go swimming.		
단원의 소재 / 제재	의미를 이해하며 낱말 읽고 쓰기	차시	3 / 4
학습 목표	1. 의미를 이해하며 낱말을 읽을 수 있다. 2. 낱말 piano, tennis, violin을 쓸 수 있다. 3. 즐겁게 스피드 게임에 참여하며 배운 낱말을 익힐 수 있다.		
교수 학습 자료	컴퓨터, CD-ROM Title, 낱말카드 교과서{영어(5), 즐거운 생활(1-2) }		
타 교과의 내용	즐거운 생활 (1-2) 3. 들로 산으로/여러 가지 놀이하기		

수업 단계	학습의 흐름	교수–학습 활동	시간	타 교과의 내용
Introduction	Greeting	◆시각을 물어 보며 인사나누기 T: Hello, everyone. What time is it? S: It's. T: Good job.	5'	
	Review	◆배운 내용 복습하기 T: Today, I'll ask you. Let's go shopping. S: Sorry, I can't. I have to study now.		
Development	Introduction of aims	◆학습 문제 확인	30'	
	Look and Listen again	◆다시 듣기 (Look and Listen을 다시 제시한다. 대화를 생각하며 CD-ROM Title을 본 후, 주요 구문을 점검한다.)		
	Let's Read	◆낱말 읽기 1. **Look and listen carefully.** Let's watch the screen and listen to it carefully. 2. **Let's Read.** 화면을 보며 따라 읽고 낱말을 들은 후, 해당하는 그림을 손가락으로 짚는다. –shopping, swimming, hiking, skating, fishing, camping 3. **Let's Do it.** 그림에 맞는 낱말에 ○표를 한 다음 그림과 연결해 본다.		
	Let's write	◆낱말 쓰기. 낱말을 읽으며 공중에 따라 쓴 다음, 교과서에 순서에 맞게 한 번씩 따라 써 본다.		
	Let's play(3)	◆스피드 게임하기 ① 전체 학생을 4모둠으로 나눈다. ② 같은 모둠을 다시 두 모둠으로 나누고 문제를 낼 학생과 맞힐 학생을 정한다. ③ 문제를 맞힐 학생은 의자에 앉고, 한 학생이 앉은 학생 머리에 낱말 카드를 들고 있으면 문제를 낼 학생이 나와 카드의 내용을 눈으로 읽고 행동으로 표현하면 의자에 앉은 학생이 낱말을 맞춘다. ④ 시간을 재어 가장 빠르게 통과한 모둠이 이긴다.		즐거운 생활 (1-2) 3. 들로 산으로 / 여러 가지 놀이하기

Development		〈제시되는 낱말 카드〉 −shopping, swimming, hiking, skating, fishing, camping		
Consolidation	Wrap up Home-work Saying good-bye	◆퀴즈로 낱말 맞추기 문제 내기 T: This word is 8 letters. It begins with s. It ends with g. It has two letters the same. What is it? S1: Is it a swimming? S2: Is it a shopping? T: That's right. ◆초대장 꾸미기 준비물 갖고 오기 T: Please bring some invitation cards. S: OK. ◆끝인사하기 T: Time's up. Bye-bye. S: Good bye, Mrs. Kim.	5'	

Lesson 8. Let's go swimming.의 4차시는 미술(3) 9. 문자와 초대장 / 초대장 꾸미기와 관련된 제재로 초대장에 제안하는 말로 내용을 구성하고 알맞은 응답의 표현을 할 수 있도록 하였으며, 또한 실과(5) 1. 우리의 가정생활(2) 서로 돕는 가정생활 / 생활 계획과 실천이라는 제재와 관련된 일정표 만들기 활동을 통하여 실제 생활에서 계획적인 생활의 중요성을 인식할 수 있도록 내용을 통합 구성하였다.

Lesson 3. Lesson 8. Let's go swimming.의 4차시

단 원 명	Lesson 8. Let's go swimming.		
단원의 소재 / 제재	제안과 알맞은 응답의 표현을 실제상황에서 말하기	차시	4 / 4
학습 목표	1. 일정표 만들기와 초대장 꾸미기 활동을 하며 제안과 알맞은 응답의 말을 할 수 있다. 2. 학습한 내용을 정리하고 실제 상황에서 말할 수 있다.		

교수 학습 자료	컴퓨터, CD-ROM Title, 일정표(교과서 70쪽), 초대장, 싸인펜, 교과서{영어(5), 실과(5), 미술(3)}
타 교과의 내용	실과(5) 1.우리의 가정생활(2) 서로 돕는 가정생활 / 생활 계획과 실천 미술 (3) 9.문자와 초대장 / 초대장 꾸미기

수업 단계	학습의 흐름	교수－학습 활동	시간	타 교과의 내용
Introduction	Greeting	◆안부 물어보며 인사 나누기 T: Hello, everyone. How're things with you? S: Pretty good. How about you? T: Very well. Thank you.	5'	
	Review	◆배운 단어 질문하기 T: How do you spell shopping? S: s-h-o-p-p-i-n-g.		
	Introduction of aims	T: Good! ◆학습목표 제시		
Development	Activity (1)	◆일정표 만들기 활동하기 정보가 적혀 있는 일정표를 나누어 주고 친구들을 만나면서 자신이 활동을 제안하고 허락한 내용과 허락한 친구의 이름을 적는다. T: Complete your weekly schedule. Move around the classroom, suggest the activities you like to your friends. S1: Let's go fishing. S2: When? Sorry, I can't. I have a piano lesson, S1: Let's go hiking. S2: When? S1: How about this Saturday. S2: No, problem.	30'	실과(5) 1. 우리의 가정생활(2) 서로 돕는 가정생활 / 생활 계획과 실천
	Activity (2)	◆초대장 보내기 휴일에 내가 하고 싶은 일을 초대장에 적어서 친구에게 제안하고 응답 받기 S1: Tomorrow is my birthday. Let's go fishing. S2: Sounds good. I like it. S1: This Saturday is my birthday. Let's go hiking. S2: OK, Sounds good.		미술 (3) 9. 문자와 초대장 / 초대장 꾸미기

Development	Review	◆복습하기 1. 잘 듣고, 알맞은 그림에 번호를 써 보기 T: Look at page 71. Choose the correct picture and write the number. S: 교과서에 답을 표시 T: Let's check the answers. (CD-ROM title로 정답제시) S: 화면을 보면서 정답 확인하기 2. 사다리 타고 내려가 그림에 맞는 낱말 써 보기 T: Write a correct word with the picture. S: 교과서에 글자 쓰기 T: Let's check the answers. (CD-ROM title로 정답제시) S: 화면을 보면서 정답 확인하기 3. 이 번 주말에 하고 싶은 일을 적고, 친구에게 제안해 보기 T: Write one thing that you want to do this weekend. And ask your friends whether they can join you. Write your friends' name when he/she can join you.	30'	
Consolidation	Wrap up Saying good-bye	◆단원 정리하기 T: Did you have fun in lesson 8? S: Yes. T: Wonderful. Please review Lesson 8 at home. S: OK. ◆끝인사하기 T: See you next class. Bye. S: Good bye. Mrs. Kim.	5'	

Chapter 6

결론

제6장 결론

이 책은 초등학생들의 의사소통 능력 신장을 위해서 영어수업과 관련된 다양한 타 교과의 내용을 이용하여 초등영어 통합학습 지도방안을 제시하려는 것이었다. 이를 위해 통합교육과정과 초등영어 통합교육을 고찰한 후 타 교과의 관련된 내용을 이용한 초등영어 통합학습 지도방안을 제시하였다.

타 교과의 관련된 내용을 이용한 초등영어 통합학습 지도방안은 다음과 같다.

첫째, 영어 교과서·교사용 지도서의 분석이다. 현실적으로 가능한 통합교육 시도의 첫 단계로 연간 수업지도 계획 고찰, 각 단원명과 단원 목표 확인, 각 단원별 습득해야 할 의사소통기능과 표현 확인, 차시별 주요 학습 내용 파악, 각 단원에 제시된 습득해야 할 어휘 확인과 각 단원의 학습시기 파악이 그 내용이다.

둘째, 타 교과 내용의 분석이다. 영어수업에 적용할 타 교과의 내용을 분석하는 단계로 이전에 학습된 전 교과의 교과서와 교사용 지도서 준비, 교사용 지도서의 내용 체계표와 연간 지도 계획 고찰, 각 교과의 단원 지도 계획 파악, 각 교과의 제재별, 혹은 차시별 지도 계획 분석, 찾아낸 내용의 학생 이해수준, 관심과 흥미유발에의 적합성 파악이 그 내용이다.

셋째, 수업 계획, 실행 및 평가이다. 영어 교과서·교사용 지도서의 분석과 타 교과 내용의 분석 후 실제 통합교육을 위해 통합수업을 계획하고 실행, 평가하는 단계이다. 연간 지도 계획 수립, 단원 지도 계획 수립, 차시별 수업지도안 작성, 수업 실행, 수업 결과 평가가 그 내용이다.

이상과 같이 선행 학습된 타 교과의 관련된 내용을 이용한 초등영어 통합학습은 학생들이 알고 있는 영어표현을 실제로 사용하여 다른 목적을 성취하는 경험을 제공함으로써 영어학습의 흥미와 성취동기를 높이고, 영어수업만으로는 부족한 상호작용의 기회를 자연스럽게 증가시킨다. 이를 위해서는 모든 교과 내용에 대한 이해도, 수업시간 운영의 탄력성 등의 측면에서 장점이 많은 담임교사에 의한 초등영어 통합교육이 되어야 할 것이며, 전담교사의 경우에는 이전에 담임교사로서 다른 교과목들을 가르쳐 본 경험이 있거나 다른 교과목 교사들과 교과목 내용에 대해서 원활한 의사소통을 할 수 있어야 한다. 아울러 지금까지 제시된 타 교과와의 관련된 내용을 이용한 초등영어 통합학습의 효과도 검증해 볼 필요가 있고 다양한 유형의 통합교육도 계속적인 연구가 이루어져야 할 것으로 본다.

참고문헌

교육인적자원부(2002), 『3·4·5학년 영어 교과서』, 대한교과서 주식회사.

______(2002), 『3·4·5학년 영어 교사용 지도서』, 대한교과서 주식회사.

______(2002), 『1·2·3·4·5학년 전 교과서』, 대한교과서 주식회사.

______(2002), 『1·2·3·4·5학년 전 교사용 지도서』, 대한교과 서주식회사.

김영철(2003.1), 「통합적 초등영어 읽기 쓰기 교수학습 방법」(한국초등영어교육학회 학술대회발표논문), 공주교육대학교.

______(2003), 「다양한 활동의 단계별, 수준별 통합적 읽기, 쓰기 지도가 학습자들의 문자언어 향상에 미치는 영향」, 『외국어교육』 10(4).

김정렬(2001), 「ICT를 활용한 초등 고학년 영어 학습 동기 유발 방안」, 『외국어 교육』 8(1), 223~247쪽.

김현진(1999), 「주제중심 통합 접근법에 따른 영어교재 내용구성 방안」, 『초등영어교육』 5(2), 71~107쪽.

박약우(1996), 「초등영어 교육의 효과적인 교수 방법 연구—활동중심 교수법」, 『초등영어교육』 2, 67~95쪽.

______(2003.1), 「초등영어 통합지도의 모형」(한국초등영어교육학회 학술대회발표논문), 공주교육대학교.

박약우·박기화·신연옥(2003), 「교과 교차적 초등영어 교재 개발 연구」, 『외국어 교육』 10(2), 45~83쪽.

부경순(1999), 「초등학교에서의 통합적인 영어교육」, 『초등영어교육』 5(2), 109~137쪽.

송정미(1997), 「일반 교과 내용에 근거한 초등학교 영어 교수요목과 수업 모형 설계에 관한 연구」, 한국교원대학교 박사논문.

신연옥(2000), 「초등영어교육에서 주제중심 통합학습의 효과」, 인천교육대학교 석사논문.

윤정(2000), 「영어·체육 통합수업을 통한 초등 영어의 지도 효과」, 인천교육대학교 석사논문.

조혜정(1999), 「주제중심 교과통합을 이용한 초등영어 지도방법에 관한 연구」, 덕성여자대학교 석사논문.
최지은(2001), 「내용중심 이야기 교수-학습 방법 연구」, 서울교육대학교 석사논문.
Brewster, J., Ellis, G., & Girard, D.(1992), *The primary English teacher's guide*, London: Penguin.
Brown, H. D.(1994), *Teaching by principles: An interactive approach to language pedagogy*, Englewood Cliffs, NJ: Prentice-Hall.
Halliwell, S.(1992), *Teaching English in the primary classroom*, London: Longman.
Holderness, J.(1994), "Activity-based teaching: Approaches to topic-centered work", In C. Brumfit, J. Moon, & R. Tongue (Eds.), *Teaching English to children: From practice to principle*, London: Harper Collins, pp. 18~32.
Nunan, D.(1991), "Communicative tasks and the language curriculum", *TESOL Quarterly* 27(2), pp. 279~295.
Oller, J.(1983), "Story writing principles and ESL teaching", *TESOL Quarterly* 17(1), pp. 39~53.
Widdowson, H. G.(1978), *Teaching language as communication*, Oxford: Oxford University Press.

저자소개

저자 김영철
공주교육대학교 영어교육과 교수

〈논문〉

2008a. 교사와 학습자가 공유한 루브릭이 초등영어 말하기 능력에 미치는 영향−*Studies in English Education*, 13(1), 66~98(김영철 외 1인).

2008b. 제7차 초등영어 교육과정의 발전적 고찰에 관한 연구: 교사 중심으로 −*Foreign Languages Education*, 15(2), 273~318.

2008c. Improving English expressive power, reading comprehension, and geographical insight through geographical content−*Studies in English Education*, 13(2), 1~20(Kim, Young-cheol 외 2인).

2005. 초등영어 사교육이 학습자들의 정의적 영역에 미치는 영향: 설문조사와 심층면담을 통하여−영어영문학연구, 31(3), 91~124(김영철 외 1인).

2004a. 다양한 활동의 단계별, 수준별 통합적 읽기·쓰기 지도가 학습자들의 문자 언어 향상에 미치는 영향−*Foreign Languages Education*, 11(2), 297~324.

2004b. 제7차 초등영어 교육과정의 현황에 관한 연구: 교사와 장학사 중심 설문 조사를 통하여−초등영어교육, 10(1), 5~41.

2002a. 초등영어 교실에 적용할 수 있는 평가의 방향−*Foreign Languages Education*, 9(3), 265~287.

2002b. 통합적인 초등영어 읽기, 쓰기 교수·학습에 관한 연구−*Studies in English Education*, 7(2), 37~58.

2001. Grammatical conditioning and teaching English double object constructions to Korean students−*Foreign Languages Education*, 8(1), 97~118.

〈저서〉

2006. 교과 교차적 통합 초등영어 지도방법(김영철 외 1인, 경진문화사)

2005. 초등영어교육론(한국문화사)

2003. 초등영어 PELT Level Test 1급, 2급, 3급(김영철 외 3인)

2003. 초등영어 PELT Standard Book 1급, 2급, 3급(김영철 외 3인)

학회활동 (현재):

글로벌영어교육학회 부회장, 편집위원장
한국초등영어교육학회 편집위원
팬코리아영어교육학회 편집위원
대한영어영문학회 이사

공동저자 **김정훈**
안산 정재초등학교 교사

연구위원 **강 진** 용인 서원초등학교 교사
김지용 홍성 금당초등학교 교사